本书为山东省社会科学规划研究一般项目："以教促学"新型教学模式在基础英语课堂中的运用探索（批准号：11CWZZ06）的后期研究成果，同时得到山东省教育科学"十三五"规划课题：三方联动机制下初中英语阅读教学中学生文化意识培养研究（编号：BCZY201908）的资助。

新时代高校英语教学发展的多维透视

李超慧　著

新华出版社

图书在版编目（CIP）数据

新时代高校英语教学发展的多维透视 / 李超慧著．

北京：新华出版社，2024.6．-- ISBN 978-7-5166

-7425-3

Ⅰ．H319.3

中国国家版本馆 CIP 数据核字第 2024X4X469 号

新时代高校英语教学发展的多维透视

作　　者：李超慧

责任编辑：王依然　　　　　　　　　封面设计：优盛文化

出版发行：新华出版社

地　　址：北京石景山区京原路 8 号　　邮　　编：100040

网　　址：http://www.xinhuapub.com

经　　销：新华书店、新华出版社天猫旗舰店、京东旗舰店及各大网店

购书热线：010-63077122　　　　　　中国新闻书店购书热线：010-63072012

照　　排：优盛文化

印　　刷：河北万卷印刷有限公司

成品尺寸：170mm×240mm

印　　张：14.75　　　　　　　　　　字　　数：220 千字

版　　次：2024 年 6 月第一版　　　　印　　次：2024 年 6 月第一次印刷

书　　号：ISBN 978-7-5166-7425-3

定　　价：88.00 元

前 言

众所周知，英语是世界通用语言，也是世界上运用最为广泛的语言。在21 世纪，随着社会的不断进步和科技的飞速发展，中国与世界的互动更加频繁，在国际舞台上的地位日益显著。这一发展趋势也推动了我国英语教育的迅速发展和普及。作为一门语言实践课程，英语知识和技能的学习不应局限于课堂内的知识传授，还需要学生的积极参与和实际操作。这要求英语教师打破传统的教学模式，不再将学生简单视为知识的"容器"，而应将他们看作能动的学习者。

近年来，随着互联网、大数据和 5G 技术在中国的迅速发展，传统教学模式已难以满足现代高素质人才培养的需求。因此，高校英语教学亟需融入各种先进技术，通过互联网等手段进行创新和改革。基于此，笔者撰写了《新时代高校英语教学发展的多维透视》一书。本书主要分为七部分内容，各部分具体内容如下。

第一章论述了高校英语教学的相关理论，包括高校英语教学的内涵、高校英语教学的原则、高校英语教学的改革历程以及高校英语教学的发展趋势，为高校英语教学的创新与发展研究奠定理论基础。

第二章主要从听力、口语、阅读、写作、翻译不同层次入手，对新时代高校英语教学的改革进行了阐述，以实现高校英语全方位改革。

第三章从语言学视角入手，对高校英语教学的发展展开了论述，主要包括认知语言学、社会语言学、系统功能语言学、语料库语言学，以实现高校英语的跨学科融合。

第四章基于多模态理论角度，对高校英语教学进行了论述。本章首先对多模态相关概念进行了界定；接着分析了多模态理论下课堂教学的原则；然后基于多模态理论论述了如何构建高校英语教学模式；最后以多模态理论为基础分析了如何构建高校英语教学评估体系。

第五章从跨文化交际角度出发，对高校英语教学的发展进行了论述。本章首先介绍了跨文化交际的内涵；接着分析了跨文化交际视野下高校英语教学的任务；之后阐述了跨文化交际与高校英语教学的有机融合；最后提出了高校英语教学对于学生跨文化交际能力的培养策略。

第六章立足新媒体环境，从微课、慕课、翻转课堂、微信角度出发，论述了高校英语教学的创新性发展，使技术赋能高校英语教学的发展。

第七章提出，高校英语教师是高校英语教学发展的主要推动力量，要想实现高校英语教学的发展，就要推动高校英语教师的专业化发展。本章先论述了高校英语教师专业化发展的理论依据；接着介绍了高校英语教师专业化发展的实现模式；最后提出了一系列高校英语教师学习共同体的构建路径。

由于笔者知识和水平有限，书中疏漏之处在所难免，恳请各位领导、专家、教师同行及阅读本书的朋友们多提宝贵意见，以便不断改进与完善。

目 录

第一章 导 论

第一节 高校英语教学简述

一、高校英语教学的内涵

（一）教学的内涵

教学是伴随着人类社会的发展而逐渐产生和演变的一项活动。在原始社会，教学是作为生活的一部分而存在的，主要通过日常活动来传授技能和知识。随着社会的发展，教学逐渐演变为一个独立的形态，对人们的生产和生活方式产生了深远的影响。对于教学的概念，由于出发的角度不同，产生的理解也不同。下面从几个常见的定义出发进行解释。

1. 教学即教授

从汉字词源学上来看，"教"与"教学"之间的解释有所不同。但从我国的教育活动来看，人们通常习惯于从教师视角出发来解释教学的内涵，即将教学定义为"教"。因此，"教学论"实际上与"教论"之间可以画等号。

2.教学即学生的学

有学者认为，教学应被视为学生的学习过程，即在教师指导下对知识的探究和吸收。[①] 这种观点是从学生"学"的角度来解释教学的内涵的，强调教学的核心在于促进学生技能的发展和品德的形成，而不仅仅是知识的传递。这一定义将教学的重点放在了学生的主动学习和个人成长上。

3.教学即教师的教与学生的学

有学者认为，教学应被定义为教师的"教"和学生的"学"相结合的过程，教师与学生以课程内容为媒介，共同参与并朝着同一目标努力。[②] 这种理解强调教与学是不可分割的，它们相互依赖、相互促进，构成了教学过程的两个关键方面。这种观点超越了单一从教师或学生角度看待教学的方法，强调了教学活动中双方角色的相互作用和协同发展，其根本目的在于促进学生的全面进步和发展。

4.教学即教师教学生学

这一观点将教学定义为"教师教学生学"的过程，重点在于教师要教会学生如何学习，而非简单的教与学的并列关系，强调教师在教学过程中要重视学生学习方法的培养。[③] 换言之，这一观点下教学的目的在于使学生掌握自主学习的能力。学生不仅要学习特定的知识和内容，还要学会如何有效地获取、处理和应用知识。

基于此，笔者认为教学是一个涵盖知识传递、技能培养、思维发展和价值观塑造的复杂过程，不仅包括教师向学生传授专业知识和实践技能，还涉及激发学生的兴趣、培养批判性思维和创新能力。教学的目的是促进学生全面发展，帮助学生适应社会需求，培养其成为具有社会责任感、创造力和终

---

① 申慧丽，刘鹏，杨洁.跨文化视域下高校英语教学转型与创新 [M].北京：中国书籍出版社，2023：1.

② 叶薇芳.教与学方式的转变：基于有意义学习的双环交互课堂教学研究 [M].上海：上海交通大学出版社，2023：21-27.

③ 吴艾辉，朱仲良，黄道凤.从"教师教"到"学生学"[J].力学与实践，2019，41（5）：597-600.

身学习能力的人。在教学过程中，教师和学生共同参与，通过互动和沟通，实现教学目标。

（二）英语教学

在 21 世纪信息化和经济全球化的背景下，英语教学备受关注，在我国的教育体系中一直占有重要的地位。英语教学的研究和实践逐渐涌现出各种各样的全新理念，当今的英语教学呈现出以下几个新的特点。

第一，当代的英语教学将创新作为教学理念。在我国目前的教育策略中，创新型人才培养占据了重要地位。这种教育策略以"创造学"和"教育学"的原理为基础，涵盖创新意识与动机创造精神、创造能力和创造个性的培养等多个要素。特别是在英语教学中，研究者和教师致力于根据不同学生的特点，重点培养其语言能力，并激发他们的学习兴趣。这种教育方式不仅注重知识的传授，还强调创造性思维和实践技能的培养。教师通过不断反思和调整教学方法来提高教学效果。在创新教育观念的推动下，学生在学习英语的过程中，不仅提高了语言技能，还通过接触和理解不同的文化，使英语学习成为一种思维方式的转变。这种转变使学生在语言学习的同时，对世界有了更深入的了解，影响了他们的人生观和世界观。

第二，英语教学更加注重培养学生的跨文化意识。在 21 世纪的英语教育中，语言不再只是简单的沟通工具，还是文化传播和交流的重要载体。基于这一认识，教育工作者在开展英语教学时应逐渐强调跨文化意识，这既是语言功能的内在要求，也是现代社会对英语人才的期望。新时代英语学习者不仅需要掌握扎实的专业知识，还要具备敏锐的信息洞察力和良好的沟通能力。为了适应时代的发展，英语教学的目的已经从传授语言知识延伸至培养学生运用英语进行跨文化交际的能力，而跨文化意识的培养与提升是良好交际能力形成的关键前提。因此，教师和学生需要自觉地提高对文化差异的敏感性，更好地理解和适应不同文化背景下的交流。这就要求英语教学不应只关注语言的基础知识，还应重视培养学生的跨文化理解和沟通技能。因此，教师应努力将文化传输与语言学习结合到一起，让学生在学习语言本身的同时，逐步深入理解其他国家的世界观、价值观、文化渊源、历史传统等，进而增强学生的语言驾驭能力，促使学生自觉地接受并欣赏他国文化的多样性和独特性。

第三，英语教学注重与互联网相结合。英语信息化教学依托于现代互联网技术，为学生打造全面、立体的学习环境，旨在提高学生的语言应用能力。这种教学方式利用丰富的网络资源和先进的网络技术，展现出了其独特的教学优势（如灵活性、针对性、实时性和自主性），这些优势是传统教学方式无法比拟的。通过互联网英语教学，学生能够根据自己的需求和进度灵活地学习，实时更新的资源和个性化的教学方法也大大提高了学习的有效性和趣味性。这种教学模式不仅促进了学生语言技能的提升，还为学生提供了更广阔的视野和更多样化的学习体验。

二、高校英语教学的属性

（一）有目的、有计划的系统性活动

高校英语教学是一项有目的、有计划的系统性活动。高校英语教学的目的性在于培养学生全面的英语语言能力和跨文化交际能力，这是适应经济全球化的关键要求。教学活动的核心是提升学生在听、说、读、写和翻译等方面的英语综合能力，这不仅涉及语言知识的掌握，还包括语言运用能力的提高，如语音、语调、词汇、语法的正确使用，以及书面和口头表达的流利性和准确性。跨文化交际能力的培养是高校英语教学的主要目的之一，教师通过引导学生阅读原版文学作品、分析不同国家的新闻报道、观看国外影视作品等方式，让学生更深入地了解和体验不同文化，从而在多元文化环境中进行有效沟通。高校英语教学的计划性体现在教学计划的精心设计和周密实施上。教学计划的制定基于对学生学习水平和需求的深入了解，通过对学生的学习背景、学习风格和学术目标进行分析，教师可以制定出更符合学生实际情况的教学计划，进而激发学生的学习兴趣，提高教学效果。教学计划的内容覆盖从基础语言知识到高级语言应用的各个层面，这意味着课程不仅包括

基本的语法、词汇和发音教学，还包括高级的写作、阅读理解、口语表达和翻译技巧等。通过这种由浅入深的教学安排，学生可以逐步构建起坚实的语言基础，并逐渐提高自己的综合语言应用能力。

（二）教师教与学生学的统一活动

无论从哪个角度来看，教学活动本质上是教师的"教"与学生的"学"这两个过程的相互作用和统一。教师的"教"与学生的"学"不仅相互依存、相互制约，还共同构成了教学的完整过程。正如王策三在《教学论稿》中所说：所谓教学，乃是教师教、学生学的统一活动；在这一活动中，学生掌握自身需要的知识与技能，同时促进自己身心的发展。[①] 需要明确的是，高校英语教学并不是教与学的简单相加，而是教与学之间深层次的相互作用。教师在这个过程中的角色不仅仅是知识的传授者，还是引导者和启发者，他们需要通过各种教学方法和策略，引导学生发展学习技能，培养学生的思维能力和独立解决问题的能力。因此，教学是否有效并不取决于教师的教，而是取决于学生的学。

（三）以建构意义作为本质的活动

高校英语教学活动的目的在于促进学生的全面发展，而这一目标的实现，本质上是一个让学生不断在知识建构中成长的过程。在这个过程中，学生需要将新获得的知识与已有的知识和经验相结合，通过这种重组和建构，深化对新知识的理解和掌握。知识建构的过程不是被动地接受信息，而是一个主动的、动态的学习过程。学生通过参与、探索和反思，不断地对所学内容进行内化和应用。例如，在学习英语的过程中，学生不仅需要记忆单词和语法规则，还要理解这些语言元素如何在不同的文化和语境中使用。这要求学生将新学的语言知识与自己的经验以及对世界的理解相结合，构建起自己的语言应用框架。

---

① 　王策三. 教学论稿 [M]. 北京：人民教育出版社，2005：87-89.

三、英语教学的理论依据

（一）行为主义理论

行为主义理论的代表人物有约翰·华生（John Broadus Watson）、阿尔伯特·班杜拉（Albert Bandura）、伯尔赫斯·弗雷德里克·斯金纳（Burrhus Frederic Skinner）等。行为主义理论认为，人就像一个有机体，能储存各式各样的行为，人的行为和习性可以由"刺激－反应"机制及"增强"塑造。[①]这种观点将学习视为环境对个体的塑造结果，认为学习过程是由外部刺激和增强所驱动的。在这一理论框架下，学习被视为一种"制约"过程，教师扮演着十分重要的角色，重点对学生进行引导。学生通过模仿、重复、接受奖励以及纠正错误来学习。例如，通过复诵和模仿，学生能够学会正确的知识和技能；学生在给出正确的反应时会获得奖励，从而增强这种反应。在行为主义理论指导下，高校英语教学要重视英语教师的引导作用，强化对学生行为和习性的引导，帮助学生更高效地学习，形成良好的生活习性。

（二）建构主义学习理论

建构主义学习理论认为，学习不是简单地从教师那里接受知识，而是学习者在解决问题、进行探索时，结合自己的经验和理解来建构知识。建构主义学习理论强调以学习者为中心来构建学习模式，其中学习者被视为认知的主体和意义的建构者。学生不再被动地接受知识，而是在学习过程中积极参与并主动构建知识。这一理论对教师的角色也提出了新的要求：教师不再仅仅是知识的传递者，还是学习者意义建构过程中的帮助者和促进者。

在建构主义学习理论的指导下，教学方法和教学设计都需要进行创新。教师应使用以探究为基础的教学方法，鼓励学生进行批判性思考、解决问题和合作学习。例如，通过项目式学习、小组讨论和案例研究，学生可以在实践中学习，通过交流和合作深化对知识的理解。这种教学模式不仅可以加强学生对知识的深入理解，还可以培养学生的创新能力和独立思考能力。此

---

① 华生．行为心理学 [M]．北京：中国纺织出版社，2019：3-5.

外，建构主义学习理论还强调学习环境的重要性，提倡创造一个支持学生主动学习和探索的环境。在这样的环境中，学生可以自由地提出问题、寻找答案，并通过与同伴和教师的互动来构建和验证自己的理解。

1.建构主义学习理论的知识观

建构主义学习理论强调知识不是对现实的简单复制或准确表达，而是个体基于自己的经验和认知对世界的一种解释和假设。在这一理论框架下，知识被视为动态的、可发展的，可以随着人类认识的进步和社会实践的深入而不断更新和改变。因此，知识不是一成不变的，也不是绝对的真理，而是一种可被质疑和革新的理解方式。从建构主义学习理论的观点看来，教师并非知识的绝对权威，课本也不是解释现实的固定模板。在教学过程中，教师的角色更多是作为引导者和协助者，而非单向的知识传授者，教师应该鼓励学生基于自己的经验和理解探索和构建知识，引导学生在具体的学习情境中主动思考和解决问题。

建构主义学习理论主张对知识的客观性、可靠性和确定性提出疑问，挑战了传统的知识观。虽然这种知识观存在一定的激进性，但这种认知方式对传统教育理论造成了重要的挑战，并对整个社会教育的发展产生了十分深远的影响。

2.建构主义学习理论的学生观

建构主义学习理论在教育领域中特别强调学生个人经验的重要性和丰富性，认为学生的个人经验是其自身理解和认知世界的基础，有助于促进学生对新事物的正确理解和自身的发展。即使在面对之前未曾接触过的问题时，学生也能够依托自己的相关经验，做出合理的解释和推断。根据这一观点可知，以往的经验在新的学习和认知过程中起着至关重要的作用。

建构主义学习理论强调，每个学生在自己的现实活动和社会交往中都会形成独特的、个性化的经验，这些经验不仅体现了每个人的个性和兴趣，还塑造了学生独有的认知风格。因此，学生在面临具体的问题时，往往会基于自己独特的经验背景来理解和解决问题，这种个性化的经验使学生对同一问题可能有着截然不同的看法和解释。因此，在建构主义学习理论下，高校英语教学的目标不仅仅是传授知识，还应促进学生基于自己的经验进行深入的思考和理解。这种教学方法鼓励学生发挥自己的主动性，将学习内容与个人经验相结合，形成更为丰富和深刻的认识。

3.学习的建构性

建构主义学习理论将"情境""协作""会话"和"意义建构"四大要素作为学习环境中不可或缺的组成部分，它们共同构成了学习者进行学习活动的基础。随着信息技术的进步，建构主义学习理论已成为信息技术与课程整合的核心理论基础。在英语教学领域，这一理论的应用尤为关键。英语作为一门融合理论与实践的学科，它通过信息技术的有效整合，可以为学生创造更加丰富和真实的学习情境，促进学生之间的协作和会话。这不仅增强了学习的互动性和参与感，还有助于学生在不断的交流和协作中建构和巩固语言知识的意义。

信息技术的应用（如在线互动平台、虚拟现实等）为英语教学提供了新的可能性，使"情境"更具吸引力，"协作"更加便捷，"会话"更加自然，从而更好地促进"意义建构"的过程。这样的教学模式不仅使学生能够在实际语言使用的情境中学习，还激发了学生的学习兴趣，提高了学习效果。因此，建构主义学习理论在英语教学中的应用，特别是结合现代信息技术，对提高教学质量、促进学生全面发展具有重要的作用。建构主义学习理论强调学生的主体性，鼓励他们在真实且充满互动的环境中学习和成长，这对于培养具备批判性思维和创新能力的学习者至关重要。

（三）需求分析理论

需求分析有广义与狭义之分。广义的需求分析是指学习者除了个人的学习需求，还需考虑单位、组织者、社会等其他因素的需求。狭义的需求分析主要指的是学习者个人的需求，包括愿望、动机和特定的学习目标。

英国语言学家威多森（Widdowson）指出，需求是指对学生的课后所设置的学习要求，这是一种以目标为导向的需求。①

英国语言学教授贝里克（Berwick，1989）指出，需求是指在学习或工作之外，学生想要获得的个人目标需求。②

学者平思奇等认为，需求分析是通过访谈、内省、观察、问卷等方式对学习者的学习需求进行的调研，这种方法已经广泛应用于教育、经贸、服务、制造等行业中。③

需求分析理论对英语教学的启示主要体现在以下几个方面。

1. 突出英语重难点

在高校英语教学中，教学的有效性很大程度上依赖于对教学重点和难点的准确把握。明确教学重难点不仅是实现教学目标的关键，还是优化教学过程、提高教学质量的重要步骤。需求分析在这个过程中起到了至关重要的作用，能够帮助教师深入了解学生在听力、阅读和口语等方面的学习困难，从而使教学活动更加有针对性。在高校英语教学中，教学目标的多样性产生了教学重难点的多样化。教学目标不仅包括学生的认知发展（如语言知识的掌握和应用能力的提高），还包括非认知方面（如情感态度、学习策略和文化意识等）的发展。因此，当教学目标从认知向非认知方面扩展时，教学的重点和难点也需相应地进行调整。例如，当教学目标包含提高学生的跨文化交际能力时，教学重点可能会转移到如何有效地在真实语境中运用语言，以及如何理解和适应不同的文化背景；同样，随着教学重心从认知向非认知转移，教学的难点也可能从语言技能的掌握转向情感态度的培养和个人价值观的形成。

---

① 威多森.英语教学中的问题 [M].上海：上海外语教育出版社，2013：61-75.

② BERWICK R.Need assessment in language programming：from theory to practice[M]//JOHNSON R K.The Second Language Curriculum.Cambridge：Cambridge University Press，1989：55.

③ 平思奇，张勇，罗国正.基于需求分析视角的数字贸易标准体系框架构建 [J].中国商论，2023（16）：83-85.

2.提升教学设计的效果

通过需求分析，教师能够充分论证教学设计的必要性与可能性，准确地把握学生与教学目标之间的"差距"，从而更有效地集中精力解决教与学中的重难点问题。这一过程不仅提升了教学的质量，还提高了教学效率。需求分析为教师在设定教学目标和选择教学策略时提供了重要依据。教师可以基于学生的具体需求，设计更为符合学生实际情况和发展需求的教学目标，制定更加有效的教学方法和策略。这种以学生需求为导向的教学方式，能够更好地激发学生的学习兴趣，提高学习动机，促进学生的全面发展。因此，需求分析在高校英语教学中不可或缺，这关系到教学活动的效果和质量，甚至会影响教学的最终成果。对于教育工作者而言，重视并有效利用需求分析，对于提升教学质量、满足学生需求具有重大意义。

第二节　高校英语教学原则

作为通用型语言，英语的作用和重要性显而易见。高校英语教学面临着诸多问题和挑战。为了有效应对这些挑战，高校英语教学必须坚持一些基本原则。教学原则是根据高校英语教学的任务与目标，结合教学理论和长期实践经验总结出来的，可以为教师在教学过程中的教材处理、教学方法选择以及教学质量提升提供指导，确保教学活动能够高效、科学地进行。教学原则不仅能指引教学活动的方向，还能帮助教师更好地理解和适应教学环境，从而提高教学效果，促进学生的全面发展。高校英语教学的开展应遵循以下几大原则，如图1-1所示。

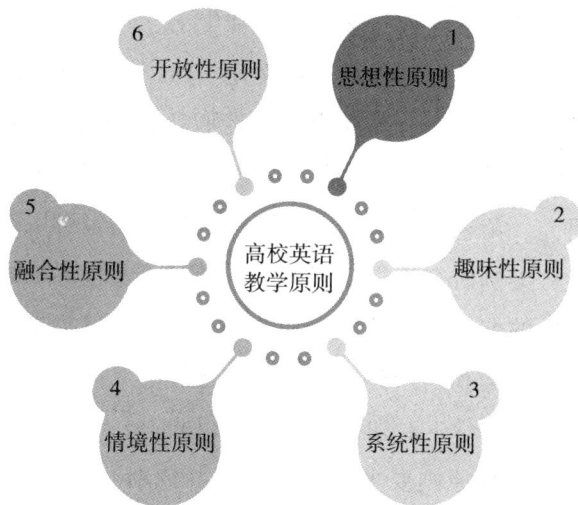

图 1-1 高校英语教学原则

一、思想性原则

英语教学要从学生的实际出发，根据学生身心发展的特点和学生的认知规律，紧贴学生生活选取教学材料、设计教学活动。教学材料和教学活动不仅要有利于学生学习语言知识，掌握语言技能，还要有利于学生健康性格和健全心理的形成与发展。

思想性原则还要求教师把文化意识渗透在开展爱国主义教育和增强世界意识之中，在帮助学生了解外国文化的精华和中外文化的异同的同时，要引导学生提高文化鉴别能力，树立民族自尊心、自信心和自豪感，促进学生形成正确的人生观和价值观。

二、趣味性原则

在高校英语教学中，坚持趣味性原则对提升学生的学习兴趣、激发学习动力以及增强学习效果具有显著的作用。趣味性原则的实施要求教学内容和教学方法不仅能够吸引学生的注意力，还能够激发学生的思考和参与。

一方面，趣味性原则要求教学内容具有吸引力。在高校英语教学中，趣味性原则的核心在于使教学内容更具吸引力，以便更好地激发学生的学习兴趣和参与度。这要求教学内容与学生的日常生活、兴趣爱好以及未来的职业发展紧密相连。为此，教师可以将流行文化、热门话题和实用场景融入教学中（如引入流行音乐、电影、新闻事件或者职业相关的语境），这不仅能够使学习内容更加贴近学生的生活实际，还能让学习过程更加生动和有趣。除此之外，案例研究、角色扮演和故事讲述等教学方法也可以有效提升教学的趣味性和实用性。案例研究让学生能够深入探讨真实世界中的问题，提高他们分析和解决问题的能力。角色扮演和故事讲述则通过模拟真实或虚构的场景，提供学生亲身体验和实践英语的机会，这样的互动式学习不仅增加了学习的趣味性，还加强了学生对知识的实际应用能力。

另一方面，趣味性原则要求教学方法不断创新。通过采用互动式教学、游戏化学习和小组合作等方法，教学过程不仅更加生动有趣，还极大地提高了学生的参与度和学习动力。例如，小组讨论鼓励学生分享观点、交换想法，这不仅促进了思维的碰撞和知识的深化，还增强了学生的交流与协作能力。互动游戏和项目合作则通过实际操作和团队协作，使学生在轻松愉快的环境中学习，同时提高了他们解决问题的能力和团队精神。此外，利用多媒体和网络资源也是提高英语教学趣味性的有效途径。在线课程和视频教学不仅为学生提供了灵活多样的学习方式，还能通过视觉和听觉的双重刺激，增加学习的趣味性。互动平台（如论坛讨论、线上问答等）提供了一个让学生自由交流思想和观点的空间，这不仅能够激发学生的学习兴趣，还有助于培养他们的批判性思维和自我表达能力。

三、系统性原则

在高校英语教学中，系统性原则要求教学活动不仅要在内容上连贯，还要在目标及评估等方面形成一个完整的、互相支持的体系。这一原则的实施有助于提升教学质量，促进学生全面发展。

系统性原则要求教学目标明确且具体。英语教学目标应当与学生的实际需求及教学内容紧密相连，合理地预估学生在课程结束后应达到的具体能力水平。教学目标的明确性不仅能够帮助学生有针对性地学习，还能为教师提供评估教学效果的标准。教学目标的设定不应局限于语言知识的简单掌握，而应更广泛地涵盖交际能力的提升和文化理解能力的增强。例如，除了语法和词汇的学习，教学目标还应包括能够在不同的社会和文化情境中有效沟通的能力，以及对英语国家文化的深入理解和鉴赏能力。通过设定这样全面的教学目标，高校英语教学不仅能够提高学生的语言技能，还能培养他们成为具有全球视野的交际者。

系统性原则强调教学内容的连贯性和逻辑性。在高校英语教学中，系统性原则要求教师在设计课程时，应从简单到复杂、由浅入深地安排教学内容，确保学生能够按照一定的节奏和顺序逐步掌握和深化语言知识。例如，教学计划应该首先围绕基础的语法和词汇展开，然后逐渐过渡到更复杂的语言结构和语言使用场景，这种渐进式的教学策略可以有效避免学生在学习过程中感到突兀或困惑。

系统性原则要求教学内容要全面覆盖各个语言技能领域，包括听、说、读、写等。这种全面性能够确保学生在各个方面均衡地发展自己的语言能力。为此，教师可以通过设计多样化的教学活动（如听力练习、口语讨论、阅读分析和写作练习），来刺激和提升学生在不同语言技能上的表现。通过这种多方位的教学设计，学生不仅能够掌握必要的语言知识，还能够在实际应用中灵活运用这些知识，从而提升他们的综合语言运用能力。

系统性原则强调对教学效果的持续评估和反馈。教学评估和反馈是教学过程的重要组成部分，可以帮助教师及时了解学生的学习进展和存在的问题，从而对教学计划进行必要的调整和优化。通过定期进行测试和作业，教师能够量化地评估学生对教学内容的掌握程度，识别学习中的薄弱环节。这些评估结果为教师提供了宝贵的信息，能够指导他们在后续教学中加强某些方面的教学，或者调整教学方法和策略。此外，教师鼓励学生积极反馈他们的学习体验对于优化教学过程同样重要。学生的反馈可以提供关于教学方法、教材内容和课堂氛围等方面的直接信息，帮助教师更好地理解学生的需求和感受。教师可以根据这些反馈调整教学内容，改进教学方式，甚至调整教学目标，以确保教学活动更加符合学生的实际情况和学习需求。

四、情境性原则

课堂教学环境在高校英语教学中扮演着至关重要的角色。为了有效地提升学生的注意力和学习效果，教师需要重视情境性原则，构建适宜的课堂环境。一般来说，课堂教学环境分为人文环境、语言环境、自然环境。

（一）人文环境

人文环境作为一种隐性的环境，主要通过师生之间的情感交流和互动氛围体现出来。高校英语教师应扮演好引导者的角色，通过平等的交流和各种互动活动（如歌曲、游戏和表演），来构建一个自由、开放的人文环境。这种人文环境不仅能够打开学生的心灵，激发学生对英语学习的兴趣，还能促进学生情感的发展和人际交往能力的提升，为高效的英语学习奠定坚实的基础。

（二）语言环境

根据认知发展心理学，大学生思维活动的进行需要依赖于具体事物的辅助。面对纯粹的语言叙述，大学生要想进行推理是有一定的难度的。因此，在英语教学中，创设具体、直观的语言环境对于学生的语言学习尤为重要。由于中国学生普遍缺乏自然的英语语言环境，因此高校英语教学应着重构建真实的语言应用情境，以促进学生的语言能力发展。为实现这一目标，教师应该充分利用各种现代教学工具和媒介（如电视、录像、录音、幻灯片等）来模拟真实的语言交流环境。通过这些教学手段，学生不仅能够直观地接触到英语的实际应用场景，还能在互动和实践中加深对语言的理解和掌握。例如，教师可以播放一段英语电影片段，让学生观看并讨论；或者通过录音来模拟电话交谈情境，让学生进行角色扮演。此外，设计真实的语言交流活动（如小组讨论、情境对话和角色扮演）能够让学生在实际使用语言的过程中进行学习。这些活动不仅提高了学生的语言应用能力，还增强了他们的交际技巧和文化理解。

（三）自然环境

课堂教学的自然环境主要指课堂中教学物品和教学工具的呈现方式。课堂中的桌椅摆放方式应鼓励更亲近、开放的师生交流。传统的"教师在前、学生在后"的布局应调整为更加互动和平等的设置（如圆桌会议式或半圆形排列），以促进师生之间的沟通和互动。教室布置应尽可能模拟真实的生活场景，以增强学习的实用性和趣味性。例如，教师通过创设模拟餐厅、机场等场景的角落，可以使学生在类似真实环境中学习英语，提高他们对语言的理解和运用能力。这种自然环境的设置不仅拉近了学生与英语学习的距离，还为他们提供了更多实际应用英语的机会，有助于创造一个更加有效的英语语言交流环境。

五、融合性原则

在高校英语教学中，融合性原则强调了文化在语言学习中的重要性。语言与文化密不可分，教师在英语教学过程中应重视母语文化和英语文化的有机结合。通过文化的融合与渗透，学生不仅能更深入地了解和掌握英语知识，还能够加深对中西方文化差异和特点的理解。因此，文化的导入成为高校英语教学中不可忽视的重要环节，对于学生的语言能力和跨文化交际能力的提升起着至关重要的作用。具体来说，文化导入主要有以下两个方法。

（一）比较

有比较就有结果，比较可以使事物的特性变得更加明显。在高校英语教学中，通过对中西方文化进行比较，学生可以更深刻地理解和认识到母语文化与英语文化之间的差异。不同国家因不同的历史轨迹，在长期的历史积淀中形成了各自的文化特征。通过对这些文化特征进行对比学习，学生不仅能够更加深入地了解和欣赏自己的母语文化，还能更全面地理解英语文化。教师可以通过具体的例子（如日常交往中的行为习惯、交流方式等）来展示这些文化差异。例如，教师可以指出，在中国询问别人的行程和年龄可能是常见的行为，而在西方文化中，这种行为被视为对个人隐私的不尊重。通过这种具体的文化比较，学生不仅能够更加清晰地认识到文化差异，还能提高自己的文化敏感性。这对于他们在跨文化交际中的表现至关重要，能够帮助他们在与有着不同文化背景的人交流时更加敏锐地察觉并尊重文化差异，从而减少或避免可能由文化差异引起的交际误解或冲突。

（二）外教

外教在高校英语教学中扮演着重要的角色，不仅能提升学生的英语学习兴趣，还对促进学生的跨文化交际能力有显著作用。作为有着不同文化背景的成员，外教能激发学生的好奇心，增强学生与外界文化交流的动力。在与外教的互动交流中，学生不仅可以增强英语口语表达的信心，还能学到书本之外的社会文化知识，从而提高他们的英语文化敏感度和交际能力。此外，学校通过利用外教定期组织的英语角等活动，为学生提供了一个纯正且地道的英语学习环境。这种环境不仅有助于提高学生的英语听力和口语能力，还能让学生在实际的语言使用场景中练习和应用所学知识，加深对英语语言和文化的理解和掌握。因此，外教在高校英语教学中的作用不容忽视，对提升学生的英语学习效果和跨文化交际能力有着重要的促进作用。

六、开放性原则

高校英语教学的开展需要坚持开放性原则，具体表现为以下两个方面。

第一，教学资源的开放性。在高校英语教学中，教学资源不仅包括教材，还包括学生的课外生活体验，这些资源为英语教学提供了更广阔的视角和丰富的素材。教师在选择教学资源时，应基于促进师生间知识交流和情感传递的原则。这意味着教学内容应与学生的日常生活紧密相关，使学生能够将课堂所学知识与现实生活中的经验相结合。例如，教师可以引导学生讨论他们在日常生活中遇到的与英语相关的情境，或者组织学生分享自己的旅行、交际经历等，将这些生活体验转化为教学内容。通过这样的方式，学生不仅能够在实际生活中运用英语，还能够在课堂上分享和反思自己的经验，从而更好地理解和掌握英语知识。

第二，教学主体的开放性。高校英语教学中教学主体的开放性体现在教师与学生之间的持续互动和信息交流中。教学过程不仅是知识的传递，还是一种信息流动的过程，其中教师和学生的差异性在生活阅历、知识水平和情感态度等方面尤为显著。教师在教学活动中不可避免地会将自己的知识经验、生活体验和情感态度融入教学之中，学生则根据自己的发展特点和需求有选择性地接收这些信息。教师与学生之间的信息流动，不仅丰富了教学内容，还增强了教学的实效性。学生在这样的教学环境中能够从教师那里获得宝贵的知识和经验，教师也能够通过与学生的互动了解学生的学习需求和兴趣点，进一步调整教学方法和策略。这种双向的信息交流和互动使教学过程成为一种动态的、共同参与的学习经验，有助于促进学生的全面发展，也有助于教师提高自己的教学能力。因此，教学主体的开放性是高校英语教学成功的关键要素之一。

第三节 高校英语教学改革历程回顾

现代高校英语教学大体分为四个阶段。第一阶段是 1949 年至 1985 年的起源与探索阶段，在这一时期，高校教学体系尚处于初步建立阶段，课程内容、教材和教学方法都在不断探索中。第二阶段是 1985 年至 1999 年的规范与发展阶段，在这一时期，原国家教委对英语教学进行了统一规划，制定了全国性的教学大纲，编写了高质量的教材，这一时期，的教学方法也开始多样化，许多教师积极探索新的教学方式，以提高教学效果。第三阶段是 1999 年至 2002 年的调整与改革阶段，在这一时期为了适应学生日益提高的英语水平和社会需求，高校英语教学开始调整教学目标和任务，探索更加贴合实际的教学方法，这一阶段的教学更注重学生的实际应用能力，而不仅仅是书本知识的传授。第四阶段是 2002 年至今的提高与深化阶段，在这一时期，高校英语教学逐渐朝着多元化和自主化方向发展，教师和学生开始更多地利用现代技术手段进行教学和学习，课堂教学不再局限于传统的讲授模式，而是融入了更多的互动和实践环节。

一、高校英语教学的起源与探索阶段

中华人民共和国成立初期，我国高校外语教学的重心放在了俄语上。这一时期，英语教学相对较弱，全国范围内仅有北京大学、南京大学等少数几所高校专门开设了英语系。这种局面一直持续到1952年的院系调整，随后英语教学的重要性逐渐得到大众的认识。1956年，中央政府在制定第二个五年规划时，意识到1952年的院系调整过度压缩了英语教学的覆盖率，这种状况不利于中国借鉴和吸收西方发达国家的科学技术，也不利于与西方国家建立友好关系。因此，我国政府决定采取措施扩大英语教学的覆盖面，特别是在高中和高等院校（特别是综合院校和师范院校）层面。为了适应这一变化，高中开始扩大英语课程的教学面，同时很多高等院校开始恢复或新增英语专业，这些举措为后续英语教学的发展奠定了坚实的基础。同年，上海交通大学的凌渭民教授编写了一本专为理工科学生使用的英语教科书《英语》并成功出版，这本教科书的出版标志着中国高等教育开始重视英语作为理工科学生必备知识的地位，也体现了当时英语教学从单一的文科教育向理工科领域的拓展。

随着1978年改革开放政策的实施，英语的重要性日益凸显，高校英语教学逐渐步入正轨。1980年，中国高等教育迎来了历史性的时刻，即制定了首个统一的高等院校教学大纲——《高等学校理工科公共英语教学大纲》。这一教学大纲标志着英语教学在中国高校教育体系中的地位得到了官方认可，不仅结束了此前英语教学各自为政的局面，还确立了国家对高校公共英语课的统一教学要求。这是中国高校英语教学历史上的一个里程碑，为后续的教学发展奠定了坚实的基础。这一大纲的实施过程也经历了一些挑战。最初大纲的教学对象只局限于理工科本科生，这在一定程度上限制了英语教学的普及和深化。为了解决这一问题，原国家教委面向理工科和文理科学生，分别于 1985 年和 1986 年颁布了《大学英语教学大纲（高等学校理工科本科用）》和《大学英语教学大纲（高等学校文理科本科用）》。这些新的大纲进一步规范了英语教学，使之更加系统和全面。自此之后，中国的高校英语教学有了政策指导和约束，迈进了一个稳步发展的阶段。

二、高校英语教学的规范与发展阶段

随着 1986 年《大学英语教学大纲（高等学校文理科本科用）》的颁布，中国高校英语教学迎来了新的发展阶段。这个统一的教学大纲为英语教学提供了明确的目标和方向，标志着中国高校英语教学进入了规范化的新时期。例如，1986 年由上海外语教育出版社出版的《高校英语（文理科本科用）》以及 1987 年由清华大学出版社出版的《新英语教程》和同年由高等教育出版社出版的《大学核心英语》等教材都是在新的教学大纲指导下编写的，不仅符合当时的教学要求，还顺应了英语教学的实际需要。这些教材在实际教学过程中不断被改编和修订，以适应教学实践的不断变化，逐渐受到了国内高校教师和学生的青睐，成为当时中国高校英语教学的主要教材。

1987 年，为了全面评估和提升中国高等院校学生的英语基本技能，原国家教委启动了大学英语等级考试（college english test, CET）。这项考试分为两个级别，即四级（CET4）和六级（CET6），分别代表一般和较高的英语水平要求。CET 的实施标志着中国高校英语教育进入了一个新的阶段。作为一种大规模的标准化测试，CET 不仅是对高校英语教学成果的一种检验，还具有重要的指导作用。这种标准化的评估机制使教师能够全面了解学生在英语学习上的差异，包括不同院校、不同专业、不同个体之间的英语水平差异。根据 CET 的考试数据，教师可以进行分类指导，更有效地针对不同学生的需求进行教学。CET 的考试结果的反馈对英语教学的内容和教学大纲的制定具有重要参考价值。事实证明，高校英语四、六级考试的设立是中国高等教育史上的一项重要创新，不仅深刻影响了高校的英语教学，还在社会层面获得了广泛的认可和重视。用人单位普遍将 CET 成绩作为衡量大学毕业生英语能力和整体素质的重要指标，从而使这一考试成为社会广泛认同的标准之一。随着教学秩序的稳定、师资力量的不断增强以及教学方法的日益完善，高校新生的英语水平自 1985 年和 1986 年教学大纲制定之初已有显著提高。这一改善不仅体现在学生的语言能力上，还反映了整个英语教育体系的成熟和进步。改革开放的深入推进使社会对大学毕业生的英语能力需求日益增长。英语不仅是学术交流的工具，还成为职场竞争和国际交往的必备技能。在这种背景下，CET 的重要性愈发凸显，成为评价和提升学生英语能力的关键工具。

三、高校英语教学的调整与改革阶段

随着时代的发展，中国高校英语教学面临新的挑战和机遇。一方面，教学秩序的恢复、教学体制的完善以及教育环境的稳定，使从小学到高中阶段的英语教育得到了显著提升，特别是在一些发达地区，英语教育甚至从幼儿园或小学低年级就已开始。除此之外，社会办学的英语辅导班和兴趣班的兴起也极大地推动了英语学习的普及。这些变化使大学新生的英语水平普遍提高，原有的大学英语教学大纲逐渐不再适应他们的学习需要。学生对英语的掌握已经远超以往，需要更高层次的英语教学内容和方法来满足他们的学习需求。另一方面，改革开放的深入推进和中国加入世界贸易组织，使社会对外语人才的需求急剧增加。企业和社会对应届大学毕业生的外语应用能力提出了更高的要求。在这种背景下，原有的英语教学大纲显然已不能满足时代的需求，迫切需要进行更新和升级，以适应社会发展的步伐和大学生的实际英语能力。

鉴于此，1996 年 5 月，原国家教委高教司在进行了广泛和多层次的社会需求调查后，吸纳了众多专家、学者和一线教师的宝贵意见，并于 1999 年进行了一项重大改革：将原来的理工科和文理科教学大纲合并，制定了统一的《高校英语教学大纲（修订本）》。这一改革标志着教学大纲的一大进步。修订版的教学大纲强调学生交际能力的培养，并在继续强调阅读能力的基础上，更加注重听、说、读、写、译等语言技能的全面发展。这一全方位的教学理念体现了对英语教学目标的深度理解和对时代需求的准确把握。在这个新的教学大纲的指导下，一批内容全新、理念先进、体系完整的英语教材陆续出版，其中具有较强代表性的包括由复旦大学和上海交通大学联合编写的《21世纪高校英语》、浙江大学编写的《新编高校英语》、上海外语教育出版社出版的《高校英语（全新版）》以及外语教学与研究出版社出版的《新视野高校英语》。这些教材不仅内容新颖、设计合理、具有强烈的时代感，还配有详尽的配套练习、多媒体课件和自学辅导书，为学生提供了全面的学习资源和有效的学习方法。这些教材不仅得到了高校英语教师和学生的广泛好评，还体现了中国高校英语教育的发展趋势和方向。自1999年5月起，为更好地适应时代发展的需求，高校英语四、六级考试在原有的内容基础上增加了口语测试，标志着CET进入了一个更为完善和全面的新阶段。通过引入口语考试，CET能够更全面地评估学生的英语综合运用能力，特别是在口语交流方面的实际能力。口语考试的引入不仅是对传统英语考试模式的一种重要补充，是对高校英语教学内容和方法的一种推动。

需要指出的是，1999年制定的针对全体非英语专业本科生的《高校英语教学大纲（修订本）》虽然强调了听、说、写的重要性，但依旧将阅读放在英语教学的首要位置。这为新大纲颁布后的第三个年头（2002年），教育部进行新一轮高校英语教学改革奠定了基础。

四、高校英语教学的提高与深化阶段

在新媒体时代，传统的教学方式已不能完全满足当代教育的需求，因此高校教师需要重视对英语教学的改革与创新，特别是要充分利用新媒体的特性来弥补传统教学的不足。教师在英语教学过程中，应结合学生的实际情况，制定有效的教学策略，重点在于创新教学手段和内容，以激发学生的学习兴趣。利用新媒体技术，教师能够在传统教学模式的基础上进行创新，运用多媒体资源创造丰富多样的教学情景，这有助于学生更好地投入学习活动中，提升课堂教学的效率和质量。新媒体的运用不仅丰富了教学内容和形式，还为学生提供了更广阔的思维空间和独立思考的机会。通过多媒体，教师可以展现更为生动、直观的教学内容，使学生在轻松愉快的氛围中学习英语。此外，利用新媒体进行的小组讨论和互动活动不仅加强了学生之间的交流与合作，还有助于培养学生的团队协作能力和社交技巧。

英语作为高校新生的必修科目，对于英语专业学生而言尤为重要，直接关系到学生的未来就业和职业发展。在这种背景下，高校领导和教师需要全面加强对英语教学的重视，特别是在激发学生英语学习积极性方面要下功夫。新媒体的兴起为解决这一问题提供了极为有利的条件。高校可以利用新媒体工具在新生入学初期宣传英语学习的重要性，帮助学生树立正确的英语学习观念。通过网络平台，学校能够向学生展示英语学习的各种益处，让他们认识到学好英语对于个人发展的重要性。例如，学校可以通过社交媒体、校园网等方式分享英语学习的成功案例以及英语在职业发展中的关键作用。在教学过程中，教师应充分利用多媒体工具开发具有特色的网络课件，这些课件不仅能够提供丰富的学习资源，还可以使课堂更加生动有趣。

以往高校英语教学中所用到的教学方式主要是传统的灌输式教学，这种方式不能很好地实现师生、生生之间的有效沟通。自新媒体时代到来后，新媒体技术已经成为高校教学的重要工具，极大地丰富了教学资源和手段，为改革传统的英语教学模式提供了可能。在这一背景下，教师应当及时调整自己的教学理念，重视实践教学环节，以促进学生的主动学习和实际应用能力的提升。高校可以尝试采用主动式实训教学方法，重视实践教学环节，弥补传统教学中理论与实践脱节的问题。通过实训教学，学生可以在实践中学习和运用英语，这不仅有助于实现理论知识与实际应用的有效结合，还能显著提升学生的综合运用能力，增强英语学习的实用性和趣味性。此外，新媒体工具的运用也可以作为实训教学的重要组成部分。利用网络资源、多媒体课件等，教师可以创建更加丰富多彩的教学情景，激发学生的学习兴趣，同时促进师生间以及学生间的有效互动，提高英语教学的互动性和参与度。

第四节 高校英语教学发展趋势展望

每个人的成长和发展都深受其所处的社会和文化环境的影响。家庭背景、社团活动、社会阶级和语言等因素共同塑造了个体的思考和行为模式。个人对外界影响的反应和适应方式可能因人而异，具有不可预测性。然而，语言和交际在人类经验构建中扮演着核心角色，两者不仅是个体表达和沟通的基本工具，还是人与人之间建立联系、理解和影响彼此的重要途径。

一、三维关系中定位英语教学的当代使命

（一）我国当前社会背景下英语教学的时代使命

随着时代的发展和社会的转型，时代特征不断变化，可能用一大串列表也无法详尽地描述出来，但总体上可以归纳为三个显著特征：经济全球化、自主化与多元化，如图 1-2 所示。

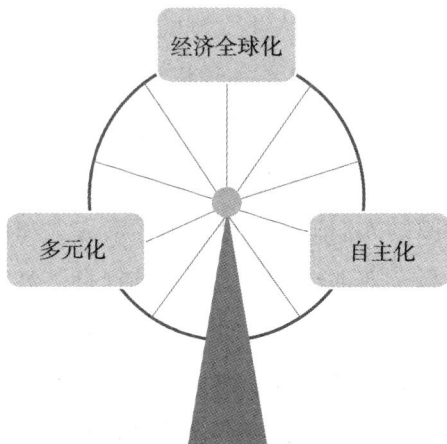

图 1-2 时代的特征

1. 经济全球化

在 21 世纪的"地球村"，科技的飞速发展使人们之间的空间距离显著缩小，经济活动的边界也逐渐模糊，形成了一个交流范围日益扩大的社会。在这个融合型的国际社会中，不同国家和民族之间既存在竞争关系，也形成了相互依赖的紧密联系。在这种时代背景下，英语教学成为连接不同国家和文化的重要桥梁。在国际大交往的时代格局中，英语教学的使命变得更加重要，不仅能促进各国间的友好合作，还有助于弘扬中华优秀传统文化，让中国文化走向世界。英语学习也是一种吸收外来文化的有效途径，可以丰富和发展学习者自身的文化认知。因此，英语教学在 21 世纪不仅是语言技能的传授，还是文化交流和国际理解的重要媒介。通过英语教育，人们不仅可以更好地理解和欣赏其他国家和文化，还能在经济全球化的背景下加强国际合作，推动文化的多元发展和全球的和谐共生。这样的英语教学对于建设一个开放、多元、和谐的世界具有深远的意义。

2. 自主化

过去几十年间，中国社会经历了深刻的变革。对比 20 世纪 70 年代以前，今天的中国正从一个一旦做出最初选择一切便都有安排的社会，转向一个人们必须为自己的命运负责的社会。这种转变的重点在于价值观的多元化和个人与单位间关系的松散化。如今，社会为个人提供了更大的生存空间和自由度，使每个人都有机会编写自己人生大剧的脚本，而不再是被动地扮演别人为其安排的角色。这一变化不仅是一种机遇，还是一种挑战——自我塑造甚至重塑自我。人生可以通过个人的努力成为一部杰作。这种观念的转变体现了时代对个人自主性的呼唤，强调了个体在社会和生活中的主动性和创造性。这样的时代精神鼓励人们追求个性化的生活方式和价值观，使人们不再受限于传统的束缚。每个人都被赋予了更多选择自己道路的自由，同时承担着为这些选择负责的责任。这不仅是对个人能力和潜力的挑战，还是对社会整体进步和发展的推动。在这个自主性日益凸显的时代，每个人都有机会探索自己的潜力，实现自我价值，共同书写属于这个时代的精彩篇章。

3.多元化

在当今多元文化并存的社会中，学生面临着如何在各种文化中找到自己定位的挑战。传统文化与现代文化、中国文化与异域文化、主流文化与非主流文化等多种文化形态对学生的成长和发展有着深远的影响。对于学生而言，如何既融入多元文化，又保持个人独立思考和文化自觉，成为一项重要的任务。在这种背景下，教育的作用尤为关键。教育应致力于培养学生的多元文化素养，使其既能够理解和尊重不同文化，又能在多元文化的交流中找到自己的位置。这不仅包括掌握不同的语言，还包括了解和欣赏他国文化，从而培养学生在多元文化社会中生存和交流的能力。在学校课程设置中，英语教学扮演着重要的角色。通过学习英语，学生不仅可以学到语言知识，还可以通过语言学习深入了解不同文化背景下的思维方式和生活习惯，从而增强跨文化交流的能力。这种跨文化的理解和交流能力对于学生在未来社会中成功生存与发展至关重要。因此，在当代社会，英语教学不仅仅是语言知识的传授，更是跨文化交流能力的培养，能够帮助学生在保持个人文化独立性的同时，理解、尊重并适应不同文化背景，为未来发展做好准备。

在当前时代发展和社会转型的背景下，多元文化问题不再只是理论命题，还是一个现实问题，这对教育领域（尤其是高校英语教学）提出了新的挑战和要求。如何培养既能适应多元文化环境又不迷失自我认同的新一代，成为政府、学术界乃至学校教育的重要任务。高校英语教学在这一过程中扮演着关键角色，它不仅是传授语言知识的途径，还是培养学生多元文化素养的重要平台。在多元文化背景下，提高学生的社会交际能力变得尤为重要，英语课程成为实现这一目标的关键学习资源。因此，英语教学的改革和发展必须着眼于培养学生适应现代社会所要求的英语能力，这不仅包括语言技能的提升，还包括对不同文化的理解和尊重以及适应多元文化环境下的有效交际能力。为此，英语教学需要提供丰富的语言交际机会，通过各种教学活动和实践应用帮助学生掌握适当的交际方式，促进其思维发展。这样的教学不仅有助于学生在语言层面有所提升，还能帮助学生在认识世界和适应社会的过程中建立起多元文化背景下的沟通和理解能力，在经济全球化和多元文的大背景下找到自己的定位，实现个人的全面发展。

（二）语言与文化视角中英语教学的文化使命

20 世纪 60 年代，英语教学领域主张认知法，关注语言的意义运用与创造，但这种教学方法主要集中在语法的机械训练上，学生在真实语境中使用英语的机会依然有限。到了 20 世纪 70 年代，英语教学领域出现了重大变革，交际语言教学法应运而生，这一教学法重视学生的学习需求和交际的实质，标志着英语教学观念的一次重大转变。交际语言教学法迅速在世界许多国家流行起来，深刻地改变了人们对英语教学的看法。这种方法不仅将英语视为一门语言学科，还强调了英语作为文化学科的属性。通过交际语言教学法，教师不仅能够传授语言知识，还能够增加学生的文化知识，拓宽其视野。

在当前中国多元文化的社会背景下，培养学生的健康、正确的文化意识和观念成为教育的关键任务。英语教学在这一过程中扮演着极其重要的角色。作为了解异国文化的主要载体，英语教学不仅是语言知识的传授，还是跨文化交流和理解的桥梁。通过英语教学，学生不仅能学到外国的语言，还能深入了解和体验不同的文化背景，从而增强跨文化的沟通能力，拓宽国际视野。

（三）青年成长中英语教学的育人使命

英语教学变革最终要落实到人的发展价值。人们逐渐认识到语言学习对精神发展的深远影响，尤其是语言与思维之间的紧密关系。学习一门外语（如英语）不仅仅是掌握一种沟通工具或技能，还是一种接触和理解不同思维方式和习惯的过程。英语作为一种典型的形态型、形足型语言，强调逻辑形式思维和个体思维，这与汉语这种语义型、音足型语言存在明显的差异。英语语言中形合手段的使用远多于汉语，其语法特点显著，呈现出显性和刚性的特点。英语语法的显性特征在词类的标志上表现得尤为明显，许多单词通过其词形变化，就可以明确判断其词性，如有 –ment、–ity、–ation、–er、–or、–ness 后缀的通常是名词，有 –ful、–al、–ve 后缀的通常是形容词，有 –en、–ify、–lze 后缀的通常是动词，有 –ly 后缀的通常是副词等。除此之外，英语中名词的数和格变化，代词的性、数、格、人称变化等，也都是其显性特征的体现。英语语法的刚性主要表现在其形态和形式要求的严格性上，简单来说就是"该有的一个也不能少"。这些显性和刚性的语法特点，不仅丰富了学生的思维方式，还对英语教学提出了明确的指导方向。英语学习不仅是单纯的语言技能训练，还是一种逻辑思维和语言规则应用能力的培养。通过掌握英语的语法规则和词汇构造，学生不仅能够提高英语学习效率，还能够在思维方式上得到提升。

另外，对于学生素质方面的培养，高校英语教学也肩负着重要使命。当前高校英语教学所要解决的核心问题之一，就是将育人价值落实到不同年级、具体英语教学内容以及不同教学任务之中。

二、当代英语教学的育人价值

随着时间的推进，我国英语教学经历了深刻的演变，逐步完善并与国际教育接轨。这一改革趋势体现了从单一关注语言知识学习到强调语言知识与技能并重，再到重视语言技能掌握及其对学生综合素养发展的价值的转变。在 21 世纪新一轮课程改革的推动下，英语课程改革与整体教学精神保持一致，更加注重从学生发展的视角来进行教学，突破了传统的语言观对英语教学的限制。这些改变与措施体现出我国英语教学领域在近些年来的巨大进步，丰富了人们的思想和认识，并以此为基础与实践探索相结合，形成了当代英语教学的育人价值观。

（一）语言知识教学的育人价值

在过去的以语法大纲为主导的英语教学中，语言知识主要包括语音、词汇和语法等方面的内容。随着英语功能型大纲的推广，英语教学的范畴被扩展到包括语音、词汇、语法、功能和话题等更广泛的内容。功能和话题的加入特别强调了语言的社会性功能和意义功能，使英语教学更加注重语言在实际交际中的应用。然而，这种教学模式也带来了一定的问题，尤其是在过分强调话题和功能时，可能导致对语音规则、词汇规则和语法规则的重视度降低。对学生而言，这些基础性的语言知识对于高效、规范地学习英语至关重要。因此，在当代的高校英语教学中，语言知识应涵盖功能和话题，对英语语音、词汇和语法规则的学习同样重要。高校英语教学应在保持话题和功能教学的同时，加强对语音、词汇和语法规则的教学，确保学生能够全面掌握英语的基础知识和核心能力。这种平衡的教学方法有助于学生在掌握语言实际应用能力的同时，能够系统地学习和理解英语的基础结构，从而在语言学习上取得更全面、更深入的进步。具体说来，语言知识教学的育人价值体现在以下几点。

第一，重视学生主动构建知识、发现知识规律的过程。教师的角色转变为创设学习环境和引导学生学习的导师，而非单一的知识传递者。这种教学方式旨在培养学生的创造性思维和解决问题的能力，使教学活动具有挑战性，从而激发学生的学习兴趣。

第二，教学中的主要话题需要贯穿整个教学过程，实现语言内容与形式的统一，避免过分强调语言形式而忽略语言意义的机械学习方式或者只注重语言内容而忽视语言形式的单一方法。通过这种综合教学方法，英语教学不仅成为传授语言知识的平台，还成为培养学生思维方式和价值观的场所。

第三，教学过程应遵循理解、记忆和运用语言规律的顺序，以递进式的方式进行，确保学生认知水平的逐步提升。这种螺旋式上升的教学过程有助于学生系统地掌握知识，逐步形成深层次的理解和应用能力。

第四，教学过程中提倡发现式学习，鼓励学生在开放性的教学环境中主动探索和发现英语的语言规则，从而在真实的语境中运用所学知识。这种方法能够激发学生的探索兴趣，提升学生的自主学习能力，同时能够使学生在生活中更加灵活地运用英语，增强其实际应用能力。

（二）语言技能教学的育人价值

在中国学生的英语学习过程中，听、说、读、写四项技能的培养具有同等重要的价值，是语言技能体系的重要组成内容。对于中国学生来说，由于汉字的特点及学习过程中的视觉理解与记忆习惯，读和写在英语学习中扮演着不可忽视的角色。中国学生通常习惯于从字形上进行视觉理解和记忆，这与汉字的音足型特点密切相关。英语教学如果过分强调听和说，而忽视了读和写技能的培养，不仅不能利用学生原有的学习优势，还可能不符合学生的记忆模式，从而降低学习效果。因此，高校英语教学改革应认识到，"听"与"读"虽是接受性学习，但并不意味着完全被动，它们同样可以通过积极参与和思考成为有效的学习过程；"说"与"写"虽为输出性学习，但也不必是完全主动式的学习，这取决于学生在学习过程中的主动性和参与度。具体处理方式如下。

1. 听的教学

听的教学不仅仅是让学生听懂关键词，更重要的是培养他们捕捉关键信息、通过上下文猜测具体语言意义和整体推论语言思想的能力。这要求学生在听的过程中进行积极思考和分析，从而提高综合听力理解能力。

2. 说的教学

说的教学要求学生能够规范且灵活地运用所学的词汇、句型、语法和文章内容进行表达。这不仅是语言知识的外化表达，还是内化学习的实践，有助于加深学生对语言知识的理解和掌握。

3. 读的教学

读的教学涵盖多种阅读形式，包括有声读与默读，精读与泛读，读词、读句与读篇，等。在读的教学中，教师关注的重点是学生能否通过查词典自主掌握生僻词汇，根据上下文猜测词义，寻找主题句，快速掌握文章大意和中心思想。这样的教学不仅能提高学生的阅读能力，还可以增强学生的自主学习能力。

4. 写的教学

写的教学不是单纯为了书写，而是通过写作来掌握拼写、标点符号和大小写等基本写作知识，运用已学的词汇和词组，培养学生的逻辑思维，并让学生学会用英语组织段落与表达主题。这种教学方式有助于学生系统地掌握英语写作的基本技能，提高他们的写作能力。

（三）学习能力的养成价值

在高校英语教学中，知识与能力的关系是相辅相成的。知识是学习的基础，提供了学习的内容和框架；能力则是知识应用和深化的关键，使学生能够在实际情境中有效运用所学知识。这种关系凸显了在高校英语教学中培养学生学习能力的重要性。培养学生的学习能力，意味着高校英语教学不只是传授英语知识，更重要的是教会学生如何学习、如何将知识转化为实际能力。这些能力包括思维能力、自主学习能力以及合作学习能力等。

1.培养学生的思维能力，尤其是创造性思维能力

在当代高校英语教学中，培养学生的思维能力，尤其是创造性思维能力，成为教学价值追求的一个重要特色。创造性思维的培养不仅要求学生掌握语言知识，还要激发学生的思维潜能，使学生在学习过程中能够主动且健康地发展。教学方法的改革关键在于如何有效激活学生的思维，这就要求教师在教学过程中注重逻辑性和层次性，以此培养学生的基础性思维能力，如逻辑思维。逻辑思维是基础，而更高层次的批判性思维和创造性思维是具有原创性的思维能力，这些能力对学生在变革时代中的发展至关重要。英语教学中培养创造性思维能力的重要性体现在创造性思维能力能够促使学生通过语言学习培养对事物的独立思考、问题解决和创新能力。这种教学方式鼓励学生在英语学习中探索、质疑和创新，不仅包括对知识的接受，而是主动探究和应用所学知识，从而在实践中形成创新思维。因此，"新基础教育"下的英语教学不仅要注重语言技能的培养，还要注重对学生创造性思维能力的培养，为学生的全面发展奠定坚实的基础，使学生在未来的学术和职业生涯中能够更好地适应和创新。

2.培养学生的自主学习能力

学生的自主学习能力使学生能够独立设定学习目标、选择和调整学习方法、监控自己的学习进度，并进行自我评估。这对学生未来的学术发展和职业生涯具有深远影响。自主学习能力的培养有助于学生形成终身学习的习惯，提升其适应快速变化的社会和工作环境的能力。通过激发学生的学习兴

趣、提供多样化的学习资源和教授有效的学习策略，教师可以促使学生主动探索和思考，从而提高他们的学习效率和学习成果。此外，自主学习能力的培养还能增强学生的独立思考和问题解决能力，为其全面发展打下坚实的基础。因此，高校英语教学应重视并积极推动学生自主学习能力的发展。

3.培养学生的合作学习能力

在开放、互动、生成的英语课堂教学中，合作学习和交流是不可或缺的一部分，包括学生之间的两两合作、小组学习以及全班的互动交流。学生进行有效互动的能力并非天生具备，而是需要在教师有意识的指导和培养下逐渐形成。如果缺乏教师的引导，课堂互动可能仅仅停留在表面，难以达到真正有效、全体参与和高质量的教学效果。因此，将合作学习仅理解为一种精神或教学理念是不够的，更重要的是从能力层面对学生进行系统的培养。在英语教学中，大量的语言练习和交流活动不仅是语言技能训练的机会，还是培养学生交际能力、团队协作能力和批判性思维能力的重要途径。通过这些活动，学生可以在实践中学习如何有效地沟通、协作和解决问题，这对于他们的语言学习和个人综合素质的提升都具有重要价值。因此，教师应重视这些能力的培养，确保合作学习在课堂上得到有效实施和深入发展。

（四）学生文化视野的丰富

在英语学习过程中，语言与文化的关系密不可分。语言是文化的一种形式，文化是语言的内容。因此，学习英语不仅仅是掌握语言技能，还是对英语文化的理解和体验。文化的内涵涉及风俗、习惯、地理、历史、信仰、生产和生活等多个方面，这些是准确、合理地使用英语的基础。在英语教学中，比较英汉两种语言及其所扎根的文化是一项重要任务。通过对不同文化进行深入了解，学生的文化视野得以拓宽，为培养跨文化交际能力奠定了基础。这种教学方法不仅关注文化差异，还寻求文化共识，促进文化和语言的认同。例如，汉语中的"丢脸"与英语中的"lose face"表达的是相似的概念；汉语中的"开车"与英语中的"drive a car"在思维方法和表达方式上也是一致的。这些例子说明，无论是在英语国家还是在中国，某些事物的存在状态和作用范围是相似的，因此在不同文化中形成的概念和语言表达也会有相似之处。在英语学习中，这种对相似性的发现和理解有助于学生更好地掌握英语，同时能增强他们对两种文化的认同感。

在英语教学改革的过程中，通过深入分析和体验学习内容，师生可以更加深刻地认识到英语作为一种特殊的语言文化形式，为学生开启了了解异域社会文化的窗口。这不仅包括对所学语言地区的节日、饮食文化、社交礼仪、异国风情以及文化传统等民族社会文化知识进行了解，还包括培养学生在使用英语进行交际过程中，如何根据具体情境恰当地运用社会文化准则的交际技能。英语教学的这一育人价值，不仅体现在传授语言知识上，还在于通过语言教学帮助学生理解和尊重不同的文化，建立起对自身文化和英语语言文化之间平等的观念。英语教学还能够培养学生发现和利用异域文化新信息的能力，使学生能够更加自如地在不同文化背景下进行交流和互动。因此，英语学科的教学不仅是语言技能的培养，还是一种全面的文化教育，对学生的综合素质提升具有重要的育人价值。

在高校英语教学改革中，英语国家的社会文化知识不应仅仅被视为教学的背景，而应作为育人价值的重要组成部分被明确强调。为此，教师可以采取两种教学方式：一是渗透方式，将这些文化知识巧妙地融入日常教学中，使学生在学习语言的同时自然而然地接触和理解不同的文化背景；二是主题文化课的方式，通过中外文化的对比学习，学生不仅能够拓宽自己的文化视野，还能够培养自己对不同文化的平等和尊重的意识以及跨文化交际能力，为以后的全面发展奠定基础。

（五）学生良好英语学习品质的培养

在我国，由于缺乏像汉语学习那样的天然语言环境，英语学习更多依赖于学生的后天学习。这不仅要求学生在课堂上获得基础知识和能力，还需要学生在课外根据自己的理解水平和能力，积极开展自主学习。高效的英语学习不仅需要智力投入，还需要学生具备坚定的意志力和持之以恒的学习毅力。这种自主和坚持的学习态度是学习英语，乃至任何一门外语成功的关键。

　　高校英语教学改革强调的是从学生的发展状态出发，重点在于激发学生的思维和兴趣，使教学内容与学生的生活紧密相关，让学生在学习过程中不仅保持兴趣，还能够积极参与，有所表达，从而形成强烈的学习动力。教学鼓励学生进行创造性学习，积极探索和实践。在英语学习中，意志、毅力、兴趣、自信、勇于实践和创造性学习的品质虽然看似抽象，但实际上对于学生的学习成效至关重要。这些优良品质能够帮助学生在长时间的英语学习过程中保持积极态度和持续进步，为学生的长期英语学习打下坚实基础。因此，高校英语教学改革不仅要关注教学内容和方法的创新，还要着重培养学生的学习兴趣、自信心和创造力。

第二章 齐头并进：新时代高校英语多层次教学改革

第一节 高校英语听力教学改革

一、高校英语听力教学内容

听力作为英语学习的基础技能之一，对于学习者来说至关重要。有效的听力教学需要科学地安排教学内容，以优化教学效果，提高学生的听力水平。高校英语听力教学内容主要包括以下几点，如图2-1所示。

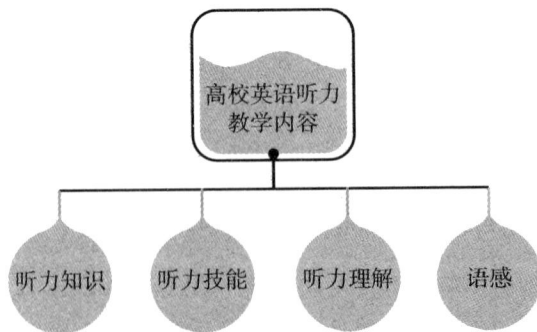

图 2-1 高校英语听力教学内容

（一）听力知识

听力知识的掌握是听力水平提升的根基，对英语听力教学和听力学习来说都十分重要。通常来讲，听力知识主要包括以下几方面内容。

1.语音知识

了解和掌握语音知识（包括发音、语调和节奏）对提高听力水平至关重要。有效的语音教学可以显著提高学生对英语听力材料的理解水平。

2.文化知识

听力语音材料常蕴含丰富的文化内容。对这些文化背景的了解可以帮助学生更好地理解和解读听力材料中的语境和隐含意义，使学生更顺利地参与听力实践。

3.语用知识

理解人际交往中的言谈交际话题和会话含义，尤其是那些隐含或间接表达的意思，是听力知识的重要部分。掌握语用知识有助于学生更准确地捕捉和理解会话中的细微差别。

4.听力策略

听力策略包括理解主旨、捕捉关键信息、预测内容、推断含义等技能。掌握听力策略可以提高学生处理听力材料的灵活性和效率，帮助学生根据不同情境调整听力方法。

（二）听力技能

实际上，听力技能属于高层次的实际运用语言的能力。听力技能是改善学生听力学习效果的关键能力。具体来说，听力技能主要包括以下几个方面。

1.交际信息辨别能力

听力材料通常由交际性语言组成，因此学生掌握交际信息辨别能力十分有必要。识别对话中的关键元素（如话题的开始、转变、结束和例证等）有助于学生更好地理解交际内容。

2. 辨音能力

具备一定的辨别能力可以正确区分音位、语调、重读音节等，是理解听力材料的基础。

3. 大意理解能力

这项听力技能的教学重在训练学生快速捕捉交际者的意图。

4. 对细节的把控能力

语言材料中蕴含诸多细节，这些细节是进行听力理解的关键。学生只有具备对细节的把控能力，才能关注和理解语言材料中的细节信息，深入理解对话。

5. 词义猜测能力

在遇到生词时，学生应能通过上下文或整体语境进行合理猜测。对于合格的听者来说，词义猜测能力是一项必备能力。常用的词义猜测方式包括根据上下文判断、借助整体语境、搜寻已有信息等。

6. 推理判断能力

在听力教学中，学生需要能够基于对话内容和上下文进行逻辑推理，以理解说话者的真正意图。

7. 预测能力

预测能力指的是依据语境信息和已有知识来预判对话内容的发展方向的能力。在听力教学中，学生具有良好的预测能力有助于提高听力效率。

8. 评价能力

评价能力指对听到的信息进行分析和评价，形成个人见解的能力。评价能力影响着听力活动的进行。

9. 记笔记的能力

快速有效地记录关键信息有助于加深学生对听力材料的理解和记忆。

10.选择注意力的能力

选择注意力就是根据听力目标的不同，让学生将注意力集中在不同的内容上。

（三）听力理解

听力理解主要包括两方面的内容：一是理解语言的字面含义；二是理解语言背后的深层含义。在英语学习中，听力理解主要包括以下几个层次。

1.辨认。

作为听力理解的基础，辨认主要包括对语音、信息和意图的识别。

2.转换。

转换是指将听力材料的内容转化为可视化的信息，如图表。这不仅要求学生理解并辨别材料中的句子结构，还需要学生分析信息并进行有效的信息转换。

3.重组与再现。

在这一阶段，学生需要能够整合听到的信息，并以口头或书面的形式准确再现。

4.社会含义。

听力活动属于交际活动的范畴，在语言上具有礼貌、得体的特征。因此，在进行听力理解时，学生需要在理解语言的同时，能够把握其社会文化意义。

5.评价与应用。

对听力语言进行评价、应用是听力理解的最后一个步骤，也是难度较高的一步。听力理解带有目的性、交际性，要求学生能够明确交际意图，还需要学生能够进行有效的语言回应和沟通。

（四）语感

语感就是对语言的感悟能力。语感具有直接性特点，可以通过持续的训练得到显著提升。在听力活动中，强烈的语感对于语言行为的预测和判断至关重要，尤其在缺少一定语境或关键信息的情况下。具备良好的语感的学生能够更加敏锐地捕捉语言的细微变化（如语调、语速和语境暗示），从而更准确地预测和解释所听内容。因此，强化语感不仅是提高听力技能的关键，还是促进整体语言学习效果的重要因素。

二、高校英语听力教学的目标

高校英语听力教学的目标是逐步提高学生的听力理解能力，分为基础目标、提高目标和发展目标三个层次。

（一）基础目标

基础目标包括：学生能听懂简单的日常英语对话，并能理解语速较慢的音频、视频材料和讲座的大意和要点；能听懂与工作岗位相关的常用指令、产品或操作说明等。教师需要培养学生的基本听力技巧，如捕捉关键词、理解主旨等。

（二）提高目标

提高目标包括：学生能够理解日常英语谈话和公告，以及中等语速、篇幅较长、题材熟悉的英语广播、电视节目等音频和视频材料；可以把握中心思想、要点和相关细节；可以听懂使用英语讲授的专业课程或与未来工作岗位相关的口头介绍。教师需要提升学生的听力技巧，如推理判断、词义猜测和信息整合。

（三）发展目标

发展目标包括：学生能够理解英语广播电视节目和正常语速下的谈话，特别是自己比较熟悉的题材内容；能够掌握主要信息、要点和中心大意，并且能听懂使用英语讲授的专业课程、英语讲座、与工作相关的演讲和会谈。教师需要让学生能够恰当运用各种听力技巧，有效地处理复杂和多样化的听力材料。

三、高校英语听力教学的原则

高校英语听力教学并不是无章可循，而是应该以提高学生听力水平为指导，遵循一定的教学原则，致力于听力教学效果的改善。高校英语听力教学的开展应该遵循以下几点原则，如图2-2所示。

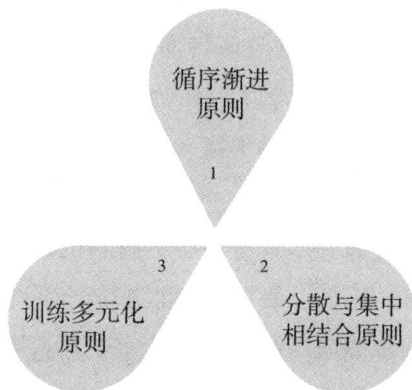

图2-2 高校英语听力教学的原则

（一）循序渐进原则

听力水平的提高是一个循序渐进的过程，涉及五个阶段的发展，每个阶段都有其特定的学习目标和教学重点。

第一阶段，学生通常对英语听力感到陌生，难以理解听力材料中的具体含义。在这个阶段，教学的重点是培养学生的基本听力习惯，鼓励学生通过模仿和记忆来提高英语思维能力，以及对英语语音和语调的敏感度。这一阶段的练习不仅可以增强学生的语感，还能为学生日后的听力实践打下坚实的基础。教师可以通过播放简单的英语对话和故事来吸引学生的兴趣，同时引导学生关注发音和语调的特点。

第二阶段，学生开始能够识别和记住听力材料中的个别单词。在这个阶段，听力习惯的养成仍然是重点，但教师也需要开始引入具体的听力技巧，如通过上下文判断词义、使用工具书的方法、自主练习习惯的培养以及提高听力学习的意识。通过各种听力练习（如填空题和简单的对话理解），学生可以逐步提高自己对英语的理解能力。

第三阶段，学生已经能够理解简单的句型，并能从听力材料中辨识短语和句型。这一阶段的学生开始理解日常谈话，并运用已掌握的听力技巧来猜测材料内容。教师可以通过播放实际对话和简短故事来提高学生的理解能力，同时鼓励学生通过角色扮演和小组讨论来增加交流和实践。

第四阶段，学生已经能够根据听力材料辨认出完整的句子，并了解材料的内容。此时，教师的教学重点应该转向不同体裁的听力材料（如新闻报道、专题讲座和故事），以扩大学生的听力范围。这个阶段也是扩充学生词汇量的关键时期，教师应通过提供丰富多样的听力材料来帮助学生积累更多的单词和短语。

第五阶段，学生已经能够基本听懂听力材料的内容，但对于不同体裁的理解程度可能有所差异。因此，教师需要根据每个学生的具体听力水平进行个性化教学，从而不断提高听力教学的整体水平。这个阶段的教学可以包括更加复杂的听力材料（如学术报告、辩论和电影片段），以提高学生的听力理解能力。

（二）分散与集中相结合原则

在英语听力教学中，遵循分散与集中相结合的原则是至关重要的。分散练习主要用于听力教学的初级阶段，通过有针对性的方法来强化特定技能。分散练习包括语音、重音、语调的练习以及单词识别和句意理解的训练，这些练习能够帮助学生在听力基础上逐步提高理解能力。集中练习建立在这些分散练习的基础上，通常在每周的听力课程中安排 1 到 2 个课时进行集中强化。在这些课时中，教师会指导学生对日常听力练习中遇到的问题进行深入分析和解决，通过大量练习来提高学生的听力水平。这种结合分散和集中的方法不仅能够帮助学生巩固特定的听力技能，还能够使学生在整体上提升听力水平，从而有效地提高教学效果。

（三）训练多元化原则

在高校英语听力教学中，教师要善于采取多种训练方法相结合的方式（如以听为主、听说结合、听读结合、听写结合和视听结合），为学生提供全方位的听力训练。多元化的训练方法不仅可以增加听力活动的丰富性，还有助于激活课堂氛围，同时培养学生的主动参与意识和自学能力。对于学生而言，多元化训练能够让他们置身于一个接近真实的语言环境中，这在一定程度上可以减轻学生的心理压力。在这样轻松愉快的学习氛围中，学生能够更有效地提升英语能力。

四、高校英语听力教学的创新策略

（一）高校英语听力混合式教学

1.课前拓宽教学来源，构建学习交互通道

课前阶段是教学与学习的准备阶段，不仅涉及知识的准备，还包括学习情境的铺设和学习心理的准备。课前阶段的充分准备可以极大地提高教学任务的完成效率和效果。课前阶段的准备工作包括以下几点。

第一，要拓展教学资料来源，立体化听力材料。教师可以利用各种优质的英语学习网络平台（如普特英语听力网、大耳朵英语、可可英语等），向学生介绍背景知识，激发学生的求知欲。通过导入相关的基础词汇和语法内容，教师可以帮助学生克服语言基础知识上的障碍，并增加学生的信息库容量。同时，教师使用 QQ 语音等实时异地听力策略的指导，可以培养学生对听力材料进行预测和联想的意识和能力。

第二，合理筛选听力教学材料，保证学生有效认知。学生的记忆和理解是建立在有效理解材料的基础上的。教学材料如果超出了学生的认知负荷，不仅无法达到预期的教学效果，反而可能增加学生的认知负担，甚至引起心理上的恐惧和排斥。因此，教师需要在选择电子听力材料时考虑其启发性，同时将学生的认知规律和注意特性纳入考量，促使学生积极主动地获取信息并自我提高，最终实现自我实现的目标，即将学习视为一种愉悦的体验。

第三，延展社会网络，构建学习交互通道。随着互联网技术的发展和社交软件的普及，人们的交流方式和交互渠道正在发生深刻的变化。通过社交网络的应用，学生可以从不同的视角获取信息，避免陷入"回音壁"效应，即仅在相似的观点和信息中循环，缺乏多元化的视角。例如，利用微信、QQ等社交软件，教师可以创建学习群组，分享课程资料、组织在线讨论和发布作业，促进学生之间的互动与合作。这也为教师提供了更多样化的教学手段和渠道，使教师能够根据学生的反馈及时调整教学策略和内容，提高教学效果。学生也可以通过这些平台与同伴进行交流，分享学习心得，协作解决问题，从而提升学习效率和动力。

2. 课中集结信息节点，完成协作学习

在完成了课前的准备工作之后，教师对于课堂教学应该有了设计的蓝图，同时备有丰富的听力资源。学生也不是"空着脑袋"走进课堂，而是已经构建了相关的认知图式。教师需要利用多媒体手段适时呈现具有高吻合性和知识性的听力资源。通过开放、灵活多样的教学形式，教师可以帮助学生保持学习注意力，并顺利完成学习任务。课中阶段的任务主要包括以下几点。

第一，合理选择听力教学媒体，确保听力教学的教育性。教学媒体应当能够促进学生的全面发展，而不仅仅是提供语言知识。多媒体课件、网络资源和音视频材料等可以提供丰富多样的听力材料，但这些材料需要与教学目标和学生的实际需求相结合。例如，与学生生活经验相关或者能够引发学生思考和讨论的听力材料，可以增强学生的学习动机，促进他们的情感投入。此外，教师还可以通过调整语速、音量、语调等来适应学生的听力水平和学习需求，使听力材料更加生动有趣。

第二，营造轻松活跃的课堂气氛，运用灵活多样的教学方式。学生的注意力分为无意注意、有意注意和有意后注意。教师应利用这些注意力类型，通过刺激物的强度、显著的对比关系以及新颖性来吸引和保持学生的兴趣。例如，教师通过调整音量、使用丰富的语音和语调变化以及在讲解重点和难点时加强语气，可以有效地吸引学生的注意力；通过结合适当的手势和表情，可以进一步增强教学效果；通过观察学生的外部反应（如听课状态），可以及时调整教学节奏和方法，确保教学活动与学生的兴趣和注意力保持同步。

第三，培养良好的听力习惯，创造愉悦的学习体验。教师在听力教学过程中应注重培养学生的预测和联想能力，教会学生对听力材料进行自我信息加工，包括抓住关键词，记录重要的时间、地点和任务，通过推测来把握文章的中心思想。这种方法能够帮助学生在不完全理解每个单词的情况下，仍然能够理解材料的大意，培养学生良好的听力习惯。教师还应鼓励学生保持积极的学习态度和愉悦的学习体验，减轻学生的心理压力，提高学生的学习兴趣和参与度。

3. 教师线下异步指导

随着互联网的快速发展以及"云学习"环境的广泛普及，学习突破了时间和地点的限制，学生需要在课下发挥信息技术优势进行知识的归纳和总结。同时，教师也应充分利用网络平台进行异步和异地的指导，为学生进行多元化评价。具体措施包括以下几点。

第一，帮助学生利用"云学习"环境，完成自我知识管理。教师精心挑选的网络听力资源对于提升学生的学习效率和质量至关重要。通过云学习，学生可以在课堂外延伸和加深对听力材料的理解，同时减少因浏览网络上其他内容而分散注意力的风险。教师筛选的高质量网络资源不仅节约了学生寻找资料的时间和精力，还能够有效地补充和扩展课堂教学内容，打破了传统的听力教科书和练习册的局限性，实现了听力学习资源的立体化、形象化和多样化。除了传统的练习册用以保证对新知识的练习和巩固，多媒体课件、影像资料和扩充的听力习题库等资源为学生提供了更广泛的学习视角和能力拓展的机会，为学生完成自我知识管理奠定了基础。

第二，通过网络社区，获得听力学习反馈与非实时指导。教师可借助网络进行多媒体课件的制作、网上非实时指导、网上布置任务、网上组织学生自主学习和小组协作学习。学生可借助教师创建的学习共同体或者学习社区完成教师布置的作业，通过网络提供的博客、电子邮件和 QQ 以及微信等聊天工具获得教师的同步或者异步指导。遇到难点问题时，学生可以和同组同学讨论或者去资源库查找资料，这可以让学生意识到学习行为是发生在小组间的，能培养学生分享学习结果的意识和团结协作的意识。

第三，采用多元评价模式，实现学生全面发展。教师应记录学生在听力学习过程中表现出来的各种行为，如在小组讨论中的参与度、对教师提问的反应以及用英语与师生交流的频率等，这些因素与听力习题的正确率一起构成了全面的学生评价标准。教师也应注意及时收集学生在听力学习中的反馈，根据这些反馈及时调整听力教学进度和策略。

（二）多元化跨情景英语听力教学

为了有效提升学生的英语听力技能，英语教师应明确听力教学的主要目标，即帮助学生提高听力技能并为英语应用奠定基础，根据学生的具体听力学习需求制定合理的教学计划，引导学生认识到听力训练的重要性。具体来说，教师可以利用互联网和多媒体技术，创建多样化的听力学习环境，在丰富教学内容的同时，提高学生的听力理解能力及英语的综合应用能力。

1. 以应用为导向开展多元化跨情景英语听力教学

在英语教学大纲的指导下，教师需通过多元化和跨情景的教学方法，为学生的听力学习和实践搭建各种应用场景，提高学生英语听力的学习效果，深化英语听力教学的应用特性。高校英语教师应运用自身的专业能力和综合素养，以提高学生的跨情景英语听力学习的有效性。这不仅包括传授听力技巧和知识，还包括根据英语听力情景的应用需求，为学生提供具体的实践建议，帮助学生深入理解英语语言的逻辑结构和文化背景，从而使学生全面掌握听力技巧。此外，教师还要提升学生对英语听力应用重要性的认识，引导学生了解英语听力水平与英语应用实践之间的紧密联系，并根据学生的未来职业规划，制定具有专业特色的英语听力跨情景教学方案，注重将听力技能与专业实践和职业发展相结合，使学生能够在不同的专业和职业环境中灵活运用英语听力技能。

2. 深化英语听力教学跨情景模式之间的关联性，提升学生英语听力水平

在实际英语使用中，学生常面临多变的语境和场景，若缺乏对不同场景下英语思维的理解，可能难以准确理解听力内容。因此，教师需要重视培养

学生对英语文化思维的理解，帮助学生通过听力练习掌握语言推测能力。这不仅涉及语言表面的理解，还包括对话语背后的潜台词和文化内涵的理解。英语教师在教学过程中应指导学生根据不同的应用情景选择性地获取听力内容，降低学生在英语听力学习中的难度，帮助学生逐渐掌握听力技巧，让学生更清晰地识别和理解不同情境下的主要听力内容。同时，教师可通过英语听力情景的交织化，促使学生能够根据听到的内容，构建清晰的思考逻辑和框架，从而提高学生的英语听力理解能力，推进学生听力学习思维的发展，加深学生对语言的整体理解。

3.引导学生根据自主需求进行英语听力情景任务学习，提升学生的英语学习质量

英语听力的教学包含多个方面，教师需要综合考虑学生的专业实践需求和英语应用要求，制定适宜的教学方案。这意味着教师不仅要帮助学生掌握基本的英语词汇和语法，以夯实学生的语言基础，还需指导学生学习与各自专业领域相关的专业英语词汇和技巧，加强学生对英语听力的学习，同时满足学生的专业实践需求，为学生的未来学术或职业发展奠定坚实的语言基础。在英语听力教学中，教师应有效利用网络多媒体技术，根据学生的个性化需求，以自主学习为导向，创建多样化和跨情景的教学环境，允许学生根据自己的英语水平和听力学习需求进行个性化学习，从而提高学习效果和动机。通过情景化的听力教学，教师可以引导学生将英语听力技能应用于专业实践中，加深学生对专业领域中英语应用的理解，这不仅有利于增强学生的英语听力应用能力，还能促进学生英语综合能力的提升，满足学生在专业发展中的英语应用需求。

第二节 高校英语口语教学改革

一、高校英语口语教学的特点

口语是人与人之间面对面地进行口头表达的语言，是人类社会使用最频繁的交际工具。高校英语口语教学的主要目的是帮助非英语专业的学生掌握口头交际的能力，其特点如下。

（一）教学内容的特点

英语口语教学是一个内容丰富的教学领域，不仅要在课堂上提供口语学习和练习，还要确保学生在课外有充足的实践机会。这种广泛性和可延展性是英语口语教学内容的显著特点。基于此，教师可以有计划地组织各种各样的训练活动，将听、说、读、写、译等语言技能有机结合，全面提升学生的语言能力。具体来说，根据不同的学习阶段和练习目的，教师可以采取多种教学形式（如朗诵、辩论、角色扮演、配音、口头作文），以增强教学的趣味性和实用性。适当调整难易度能够帮助学生巩固基本功，提高口语能力。除此之外，教学内容还具有灵活性和丰富性，这也使英语口语教学成为一个既重视知识性又强调趣味性的系统，有助于激发学生的学习兴趣，提高学生的综合语言运用能力。

（二）教学模式的特点

与传统的知识传授方式有所不同，英语口语的教学模式更强调教学的实用性、知识性和趣味性，这对于激发教师与学生的积极性至关重要。在英语口语教学过程中，学生的主体地位和教师的辅导角色尤为关键。教师在教学中需要根据不同活动的需求，灵活选择合适的教具和教学方法，以激发学生的学习兴趣，提升学生的主动性和参与度。在口语教学中，教师通过利用网络环境，不仅可以为学生提供一个便捷的听说教学和练习平台，还能实时记录和检测学生的学习情况及自己的教学效果，从而增强教学的互动性。网络教学系统的使用特别适合不同口语水平的学生，能够根据个别学生的需要进行有针对性的教学和辅导。相比于其他教学模式，口语教学的教学手段和方法的选择尤为重要。恰当的选择可以显著提高学生在教学活动中的互动性，从而影响英语教学效果的好坏。例如，通过实时在线交流、模拟情景对话、口语角色扮演等活动，学生可以在更加真实的语言环境中练习口语，这不仅提高了学习的实用性和趣味性，还提升了学生的口语水平。

（三）教学评估的特点

在英语口语教学中，教学评估是确保教学质量和达成教学目标的关键环节。一个全面、客观、科学且准确的评估体系不仅对教师来说是获取反馈和改进教学的依据，还是学生调整学习策略、改进学习方法的有效工具。英语口语的评估通常分为形成性评估和总结性评估两种形式，两者均聚焦于学生使用英语进行实际交际的能力。在英语口语教学中，学生口语表达的准确性和流利程度是衡量教学效果的关键指标。相比于流利程度，准确性更加重要，因为正确发音有助于学生形成良好的语言习惯。

（四）教学管理的特点

英语口语教学管理是确保教学目标实现的关键环节，需要在整个教学过程中进行有效的指导、监督和检查。口语教学管理具有以下几个特点，如图2-3所示。

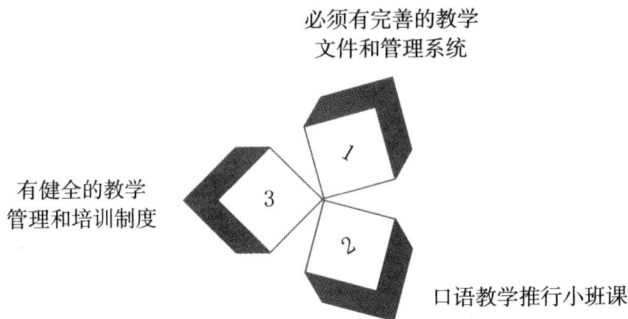

必须有完善的教学
文件和管理系统

有健全的教学
管理和培训制度

口语教学推行小班课

图 2-3 口语教学管理的特点

1. 必须有完善的教学文件和管理系统

教学文件包括学校的英语教学大纲、口语教学目标、课程设计、教学安排、教学内容、教学进度以及考核方式等。管理系统主要包括学生口语成绩和学习记录、口语考试的分析总结以及教师授课的基本要求和教研活动记录等。这些教学文件和管理系统能够帮助教师和管理人员有效地追踪和评估教学进度和质量，确保教学目标的达成。

2. 口语教学推行小班课

推行小班授课是提高教学效果的关键。每个班级人数尽量不超过 30 人，这样有利于教师更好地管理课堂，关注每个学生的口语表现和进步。如果自然班人数较多，教师可以将其分成小班，以确保每位学生都能得到充分的口语练习机会和个别指导。

3. 有健全的教学管理和培训制度

学校应建设年龄、学历和职称结构合理的师资队伍，并加强对教师的培训和培养工作，鼓励教师积极参与教学研究，围绕教学质量提高开展活动。此外，学校应创造条件开展多种形式的教研活动，并将第二课堂指导的课时计入教师的教学工作量。

二、高校英语口语教学的目标

高校英语口语教学目标可以划分为三个等级，即基础目标、提高目标和发展目标。具体目标内容如下。

（一）基础目标

高校英语口语教学的基础目标主要针对非英语专业学生，旨在满足这些学生的基本英语交流需求。具体目标包括：学生能够根据日常话题用英语进行简短而多轮的对话，能对一般性事件和物体进行简单的叙述或描述；经过准备后，可以针对熟悉的话题进行简短的发言，并能根据与学习或未来工作相关的主题开展基本讨论；语言表达结构清晰，语音、语调、语法等基本符合交际规范，保证交流的有效性；掌握基本的会话技巧，以便在不同的交际场合中灵活运用。这些目标的实现，将为非英语专业学生在未来的学术和职业生涯中提供坚实的语言基础，增强学生在多元文化环境中的交流能力。

（二）提高目标

高校英语口语教学的提高目标专门为英语基础较好且英语学习需求较高的学生设定。提高目标的具体内容如下：学生能够根据一般性话题进行比较流利的英语会话，有效地表达个人的意见、情感和观点；能够清晰地陈述事实、理由，描述事件或物品，并根据熟悉的观点、概念、理论等进行阐述、解释、比较和总结；在语言组织结构上表现出清晰性，同时确保语音和语调的基本正确性；能够较好地运用口头表达和交流技巧，以提高英语口语在实际交流中的效率和效果。通过达成这些提高目标，学生将在英语口语方面达到更高水平的能力，为其学术和职业发展奠定坚实的语言技能基础。

（三）发展目标

高校英语口语教学的发展目标是为了满足学校人才培养计划的特殊需求和部分学生的多元需求而设定的。发展目标的具体内容如下：学生能够在通用或专业领域内根据常见话题进行流利、准确的对话和讨论；能够使用简练的语言概括较长且有一定难度的文本或演讲，同时能够在国际会议和专业交流中宣读论文并积极参与讨论；能够参与商务谈判、产品宣传等实际应用场景；具备较高水平的英语口语表达能力，能够恰当运用口语表达和交流技巧。通过达成这些发展目标，学生能够在多种国际和专业场合中有效地使用英语进行沟通和交流，从而更好地适应未来的学术和职业挑战。

三、高校英语口语教学的改革策略

（一）高校英语口语混合式教学

将混合式学习充分运用到英语口语教学中，可以有效地促进学生的自主学习和协作学习。在这一阶段，教师的角色转变为学生学习的指导者，主要任务是激发学生的学习积极性，并为学生提供必要的学习资源和指导，具体可以按照以下三个步骤实施，即课前、课中和课后。

1. 课前

在上课之前，教师可以鼓励学生自主组队并开展学习活动。小组学习不仅可以提高学生的交流能力，还能够促进学生在团队合作中学习和应用英语口语。每个小组可以根据自己的学习节奏和兴趣选择学习内容，这种自主性对提高学生的学习动机和参与度至关重要。

2. 课中

在我国的传统英语课堂中，教师往往占主导地位，学生几乎没有开口练习英语的机会。而在混合式学习的英语课堂中，教师要转变教学的思路和方式，可以运用提问等方式增加与学生之间的互动，鼓励学生开口说英语。在教学中，教师还可以运用任务型合作学习的方式开展教学，使学生在各自的小组内用英语表达自己的看法，并与其他同学用英语进行交流等。学生课前的准备也为学生在课堂中的语言输出活动做好了铺垫。在此过程中，教师的主要角色是学生学习的促进者，而学生的主要角色是意义知识的建构者。

3. 课后

在传统的高校英语听说教学中，教师习惯于通过听力笔试测试来评估学生的水平。在混合式教学模式下，对学生的听力和口语水平进行评价的方式应更为多元化，且应重视对学生的过程性评价。为了实现这一目标，在课后，教师可以采取多种措施促进学生的语言输出，如布置在线作业、在网上设立课程讨论区等，鼓励学生积极参与，提高学生的英语表达能力。在期末考试测试时，学生的成绩构成应包括口语成绩和听力成绩，同时增加日常表现在最终成绩中的比重。通过这样的评估方法，教师不仅能够更准确地了解学生的学习情况，还能够让学生更加积极地投入英语学习中，从而有效提高他们的英语听说能力。

（二）高校英语口语 PBL 教学

PBL 教学法是一套以问题为导向设计学习情境的教学方法。PBL 教学过程主要分为三个环节，如图 2-4 所示。

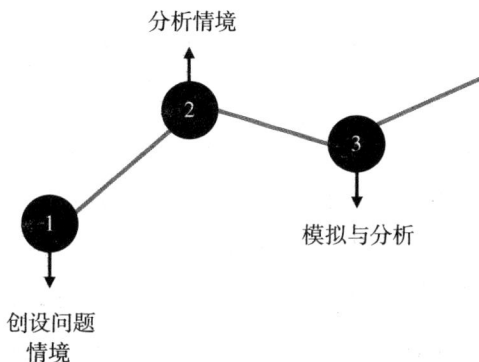

图 2-4 高校英语口语 PBL 教学的环节

1.创设问题情境

教师可以将班级学生分成若干小组，每组 5 到 7 人，混合不同英语水平的学生，旨在促进不同水平学生之间的互助学习。课前，教师会分发已经设计好的与课文内容相关且贴近现实生活的问题给学生，这些问题不应过于复杂或晦涩。学生需要在课后查阅相关资料并做好笔记，以备课堂上的口语练习。这不仅能鼓励学生在课前积极准备，还有助于提高学生对课堂学习的参与热情。

2.分析情境

在英语口语教学的分析情境中，教师在确定学习方案后，应鼓励学生独立思考并在小组内进行讨论，共同编写英语对话。这一过程中，学生的英语口语和语言组织能力可能会受到限制，且由于不同的生活背景和家庭经历，学生对问题的看法可能会有所不同。因此，英语教师在这个阶段的作用尤为关键。教师应及时进行引导，确保学生的思考不会偏离问题的核心。在必要时，教师需要提供帮助，调解小组成员间的分歧和矛盾。教师应把握适度原则，既要给予必要的支持，又要留给学生足够的空间自主学习。此外，教师还应鼓励学生利用图书馆和互联网资源进行资料查阅，以丰富学生的讨论内容，提高他们的语言表达能力和英语口语水平，培养学生的独立思考和团队合作能力。

3. 模拟与分析

在英语教学的模拟与分析阶段，学生在查阅相关资料后，通过情景模拟来展示他们的学习成果。各小组可以创造性地呈现他们的讨论成果，这样的活动不仅锻炼了学生的英语口语能力，还加深了他们对特定话题的理解。教师在这个过程中扮演着观察者和评价者的角色。教师应认真观看并记录学生的情景模拟，之后对学生的表现进行客观评价。评价时，教师应先肯定学生的表现和努力，然后指出他们在英语发音、语法和句式上的不足。这样的反馈对于学生纠正语言错误并在未来的练习中取得进步至关重要。学生可以通过 PPT 的形式展示对话的内容和对问题的理解，教师在此阶段的点评不能只关注语言表达方面，还应结合实际生活背景对学生的理解和看法进行分析，从而提高学生的现实意识和批判性思维能力。通过 PBL 教学模式，学生不仅能够提升英语口语水平，还能深化对现实问题的理解和认识。

（三）产出导向教学法在高校英语口语教学中的应用

产出导向教学法是一种以学生的实际产出为导向的教学方式，其核心思想是通过学生的实际操作和实践，培养学生的创造力、解决问题的能力和合作精神。产出导向教学法应用于高校英语口语教学中，能够更有效地提升学生学习的主动性，帮助学生发现知识的空白，进而激发学生的学习动力。产出导向教学法在高校英语口语教学中的应用主要包括以下几点。

1. 导——任务输出

输出是产出导向法理论框架下学习的出发点，也是落脚点。基于产出导向法理论，教师在设置输出任务之前，需要明确单元的教学目标（包括知识目标、交际目标、能力目标及情感目标等），确保教学活动围绕这些目标展开。同时，任务的难度应略高于学生的当前学习水平，以确保学生的最近发展区得到充分的挑战和发展。学生通过完成具有挑战性的任务，不仅能够提升其语言能力，还能够在交际、情感和认知等多个方面得到发展。在产出导向教学过程中，教师的角色也由传统的知识传递者转变为学生学习过程的引导者和促进者，鼓励学生在课堂上主动参与和贡献，而不仅仅是被动地接受。输出环节的主要步骤如下。

（1）教师根据单元的学习目标，向学生提供蕴含交际价值的背景知识，并设计相关的口语交际任务，这些任务可以以小组或个人形式完成。

（2）学生在现有知识和语言能力的基础上，尝试着完成各种口语交际任务。通过完成这些任务，学生的语言输出能力能够得到很好的锻炼。

（3）教师向学生明确介绍单元的语言目标和口语交际目标，并详细说明预设的产出任务。

（4）教师帮助学生对比他们的任务输出与预期产出的差距，以便学生了解自身的不足之处。

2. 学——知识输入

在输入环节，教师的任务是在学生完成输出任务后，为学生提供重点知识的输入，以巩固和提升学生的语言能力。输出任务完成后，学生已对知识目标和产出任务有了清晰的认识，而教师也全面了解了学生的知识结构和相关能力，这为有效的教学输入提供了良好的基础。教师在这个阶段需要根据教材内容，向学生输入包括词汇、语言结构、文化常识、交际技巧及情景相关的交际知识等方面的重点知识。教学内容的选取应围绕单元目标和产出任务进行，结合教材内容和实际情况，把产出任务分解为若干子任务，分步骤进行教学。

在整个知识输入过程中，教师的角色由传统的课堂控制者转变为学习的引导者，扮演"脚手架"的角色，提供适当的输入材料，帮助学生填补在输出任务中出现的知识空白。通过情景模拟等活动，教师可以促进学生的学习发生，这种有选择性的知识输入不仅有助于促进口语交际能力的提升，还大大提高了课堂教学的效率。

3.练——语言产出

在高校英语口语教学中，实践练习是至关重要的环节。产出导向法理论强调，在知识输出和输入的基础上，学生应通过一系列选择性学习积累必要的语言表达和交际内容。在这一理论指导下，课堂练习环节要求学生在教师的指导下完成一定的口语交际产出，这是检验学生学习成效的关键时刻。

口语教学如果侧重于知识的输入，而忽视实际交际能力，容易导致学生在现实交际场景中难以有效应用所学知识。产出导向教学法可以弥补这一缺陷，这一方法通过将学生在课堂上的实际语言运用作为教学的重点，能够有效促进学生将所学知识转化为实际交际的能力。为帮助学生完成任务的产出，教师可以从以下几方面入手。

（1）教师需要根据单元的语言输入需求和学生的实际水平，设计合理的课堂活动和任务，并提供必要的学习材料，这样做旨在支持学生完成产出任务。

（2）在课堂活动中，教师应组织一系列活动，根据学生的实际表现调整任务难度，推动学生向更高水平的语言应用能力发展。

（3）教师需在整个学习过程中提供实时的引导，帮助学生有效地加工、吸收和内化输入的材料，确保学生能够高效地获取产出所需的知识和能力。

（4）教师应及时发现并解决学生在完成产出任务过程中遇到的问题，调整教学手段和任务要求，以最大限度地激发学生的学习兴趣和热情。

4.析——多元评价

产出导向法理论下的教学评价模式相较于传统教学评价方法，强调评价过程本身也是一种学习，侧重于课堂过程中学生的语言产出和互动，以及完成任务后的反思和自我调整，从而实现"以评促学"和"以评促教"。

教师在整个教学过程中，尤其是在学生进行语言产出时，要进行仔细观察并给予及时的评价，这种及时反馈能够帮助学生快速了解自己的表现，有利于学生及时调整学习策略和方向。通过布置英语口语交际任务，教师可以让学生进行成果展示，并在初步检阅后总结问题，设定可量化的评价标准，并据此进行评价，在这一过程中，学生不仅要展示自己的语言能力，还要学会如何从他人的表现中学习。教师要指导学生根据既定的评价标准在小组中进行自评和互评，进而在教师的引导下讨论和反思，这种自我评价和同伴评价的方法不仅促进了学生对自己学习的深入理解，还培养了他们的批判性思维和合作能力。教师还要对学生的成果进行点评，发现并指出问题，并给出具体的改进建议，这一环节使学生能够对自己的学习成果有更全面的认识，并在教师的指导下进行有效的自我反思。

通过多维度的评价方式，学生不仅能在发现和解决问题的过程中锻炼自己的能力，还能通过"输出—输入—产出—评价"的循环过程，在教师的指导下深入学习和理解目标语言。这样的评价方式使评价过程成为学习的一部分，有效促进了学生语言能力的提升，同时为教师提供了宝贵的教学反馈，有助于教学方法的持续改进。

第三节　高校英语阅读教学改革

一、英语阅读教学的重要性

阅读理解在人类的学习和智力发展中扮演着关键角色，不仅是人类获取知识的基础，还是人类交流信息的主要方式。在现代教育体系中，阅读理解的重要性体现在各类考试中。在考试中，阅读部分通常占总分的30%或更高，这一比例凸显了提高阅读技能和水平的必要性。良好的阅读能力不仅对学术成功至关重要，还是个人职业发展的关键。在高校英语教学中，通过提升阅读理解能力，学生可以更好地理解复杂概念，提高批判性思维技巧，并在今后的工作中进行更有效的交流。阅读的重要性主要体现在以下几个方面。

（一）获取信息的主要手段

阅读能力的培养是高等教育英语教学的主要任务。教育部将英语教学置于显著位置的主要目的之一，是培养能够通过英语获取国际先进科学和文化信息的人才。在多元化和经济全球化的时代，英语已成为连接世界的桥梁，是学习、研究和职业发展的关键工具。虽然语言信息交流包括口头和书面两种形式，但多数学生在未来使用英语的过程中，主要通过阅读来获取信息，这是由于口头交流机会的限制以及阅读在获取深层次、精确和综合信息方面的独特优势。外语学习与母语习得的发展规律不同。母语的听说能力通常先于读写能力发展，学习外语则相反，强调读写能力先于听说能力。因此，在高校英语教学中，强调阅读教学的必要性显而易见。通过提高阅读理解能力，学生能够更有效地访问和利用国际知识资源，为自己的学习和职业发展打下坚实的基础。

（二）提高语言行为和能力的重要基础

语言不仅是沟通的工具，还是认知和学习的基础。阅读作为语言学习的核心环节，不仅提供了获取信息和知识的途径，还促进了语言理解和运用能力的发展。

阅读能力的提升直接关系到语言理解的深度和广度。通过阅读，学生不仅可以学习新词汇和语法结构，还能理解不同语境下的语言使用。这种理解能力是语言行为发展的基础，有助于学生更准确、更有效地使用语言。

阅读能够促进批判性思维和分析能力的发展。在阅读过程中，学生能够不断地解释、推理和判断所读内容的意义。这种思维过程加深了对语言的理解，并提高了语言的表达和论证能力。

阅读还有助于文化理解和跨文化交流。通过阅读不同文化背景下的材料，学生能更好地理解和尊重不同文化中的语言表达方式，从而在跨文化交流中更为得体和有效。

（三）语言知识的积累过程和文化知识的导入过程

在高校英语教学中，语言知识的积累与文化知识的导入是两个并行且互补的过程。听说课和网络教学虽然在传授语言知识方面具有一定的效果，但在文化知识的传递和深化上存在一定的局限性。听说课的即时性和网络教学的辅助性意味着它们难以全面承担文化知识的深入传递。相比之下，阅读教学在文化知识传递方面具有独特优势。通过阅读，学生可以接触到不同文化背景下的材料，深入理解不同文化的语境和内涵。教师可以利用阅读材料中的文化元素进行对比分析、解释讲解，揭示文化内涵或阐明文化规约。这种方法使学生能够循序渐进地了解和吸收异域文化，实现文化知识的深入积累。此外，阅读教学还能够培养学生的批判性思维和文化敏感性。通过对文化背景进行理解和分析，学生不仅能够学会如何在语言使用中考虑文化差异，还能培养出对多元文化的包容性和敏感性。

二、高校英语阅读教学的特点和目标

（一）高校英语阅读教学的特点

英语阅读教学决定着高校英语整体教学效果的好坏。高校英语阅读教学的特点主要如下。

1.英语阅读内容的特点

高校英语教材的阅读内容以其多样性和现代性著称，体现了对不同文体和领域的全面涵盖。高校英语教材不仅包括了广泛的主题（如语言、文学、政治、经济、科技和宗教），还涵盖了多种文体（包括说明文、记叙文和议论文）。高校英语教材的多样性不仅体现在内容和体裁上，还体现在语域的多样性上，其中包括书面语和口语化甚至俚语化的文章。这些特点使高校英语的阅读内容具有一定的挑战性。由此可见，高校英语的阅读内容具有篇幅长、生词多、句法多样化、思想深等特点。

2.英语阅读方式的特点

通常情况下，高校英语阅读可以划分为精读、泛读和略读，如图 2-5 所示。不同阅读方式各具特色，分别对应不同的学习目的和需求。

图 2-5　高校英语阅读方式

（1）精读。精读强调对文章的深入理解。在这种阅读方式中，学生需要细致地阅读每一部分内容，理解文章的每一个细节。这不仅包括对文章主题和结构的理解，还包括对词汇、语法和句型的深入分析。精读有助于提升学生的语言分析能力和理解能力，是提高语言水平和分析能力的重要手段。

（2）泛读。泛读注重对文章主旨和主要思想的理解。这种阅读方式要求学生快速阅读全文，理解文章的大意和作者的观点，但不深入挖掘每个细节。泛读的目的是提高学生的快速阅读能力和总体理解能力，使他们能够迅速把握文章的核心内容和结构。

（3）略读。略读是一种快速的阅读方式，其目的是在较短的时间内获取文章的中心思想和主要内容。这种方式通常涉及跳跃式阅读，只关注文章的关键部分，如开头、结尾和其他重要段落。略读特别适用于在有限的时间内从大量阅读材料中提取主要信息，是一种高效的信息筛选方法。

（二）高校英语阅读教学的目标

高校英语阅读教学的目标分为三个等级，即基础目标、提高目标和发展目标。

1. 基础目标

在高校英语阅读教学中，基础目标是为满足非英语专业学生的基本英语学习需求而设定的。具体目标如下：学生能够基本理解熟悉题材和中等难度的英语报刊文章以及其他英文材料；可以借助词典阅读教材以及在未来工作和生活中可能遇到的应用文和简单的专业资料，理解其主旨大意、主要事实和相关细节；能根据阅读的目的和材料的难易程度，适当调整自己的阅读速度和方法；能够运用各种基本的阅读技巧（如略读、扫读和查阅词汇），以提高阅读的效率和效果。

2. 提高目标

在高校英语阅读教学中，提高目标是针对那些入学时英语基础较好且英语需求较高的学生设定的。这一目标的核心在于确保这些学生能够在更高的水平上理解和分析英语材料。具体来说，提高目标包括：学生能够基本读懂公开发表的英语报刊上一般性题材的文章，这不仅涉及对文章主旨和关键信息的理解，还包括对文章结构和隐含意义的分析；能阅读与所学专业相关的综述性文献或与未来工作相关的说明书、操作手册等材料，并理解其中心大意和关键信息；能较好地阅读篇幅较长、难度中等的材料，有效地应用快速阅读技巧以提高阅读效率；能够运用常用的阅读策略（如略读、扫读和查阅词汇）理解和分析阅读材料。

3. 发展目标

高校英语阅读教学的发展目标是为了满足学校特定的人才培养计划需求以及部分学生的个性化和高阶学习需求而设定的，旨在推动学生在英语阅读能力上实现更深层次的发展和突破。具体目标如下：学生能够读懂具有一定难度的英语文章，并全面理解其主旨大意及细节内容，包括对文章文字意义的直接理解以及对更深层次含义的把握（如文章的逻辑结构、隐含意义等）；能够比较顺利地阅读公开发表的英语报刊文章以及与所学专业相关的英文文献和资料；对不同阅读材料内容具有一定的综合分析能力；能够对所阅读的材料进行深入分析，形成自己的理解和认识，以便在学术研究或专业实践中进行独立思考和批判性评价；在技巧方面，学生能恰当地运用各种阅读技巧（如快速阅读、批判性阅读等），以提高阅读的效率和深度。通过实现这些目标，学生不仅能在语言理解上达到高水平，还能在跨文化交流和专业领域中更有效地运用英语。

三、高校英语阅读教学改革应遵循的原则

为了实现阅读教学的目标，保证阅读教学的有效开展，高校英语教师应遵循以下原则，如图 2-6 所示。

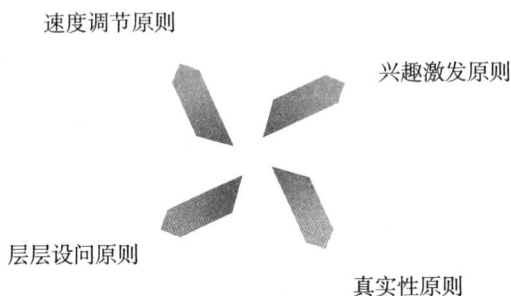

速度调节原则

兴趣激发原则

层层设问原则

真实性原则

图 2-6 高校英语阅读教学改革的原则

（一）兴趣激发原则

学生在对阅读产生浓厚兴趣时，会更加积极、主动、热情地投入学习中；相反，如果学生对阅读缺乏兴趣，那么教学的成功率将大大降低。因此，激发和维持学生对阅读的兴趣至关重要。教师需要注意教学形式和内容的多样化与更新，定期变换教学材料和方法，有效保持教学的新鲜感，进而激发学生的学习兴趣。例如，引入与学生兴趣相关的阅读材料、使用互动式教学方法或者运用多媒体工具，这些都可以使阅读教学更加生动和吸引人。通过这些方式，学生的阅读不再仅仅是为了完成任务，而是变成了一种享受，成为一种主动积极的自发行为。这样的教学环境不仅提高了学生的阅读技能，还培养了学生对阅读的持久热爱，为学生的未来学习和职业生活打下坚实的基础。

（二）真实性原则

真实性在阅读教学中是十分重要的，高校英语教师要特别注意。阅读教学中的真实性主要体现在以下三方面。

1.阅读材料的真实性

为了保证教学效果，教师需要精心挑选与学生的日常交际需求紧密相关的材料。这些材料应当源自学生的现实生活，不仅能够激发他们的兴趣，还要符合他们的语言水平。更重要的是，所选材料的文体应该多样化且具有代表性。材料文体的多样性不仅可以丰富学生的阅读体验，还可以帮助学生接触和理解不同类型的文本，从而全面提升学生的语言技能和文化理解能力。通过使用真实、有趣且多样化的阅读材料，教师能够更有效地促进学生的学习兴趣和阅读能力的提升。

2.阅读目的的真实性

在实际交际中，阅读活动的目的性很强。不同人的阅读目的不同，包括获取信息、检验知识、评价观点和作品风格，或仅仅是消磨时间。这些不同的阅读目的要求使用不同的阅读方法。在阅读教学中，特别是练习的设计方面，教师需要考虑到这些不同的阅读目的。设计的阅读练习应该反映这些多样的阅读目的，以确保学生能够通过练习达到特定的阅读目标。通过将真实的阅读目的融入教学和练习中，教师能够更有效地提升学生的阅读技能，同时为学生将来在真实世界中的阅读活动打下坚实的基础。

3.阅读方法的真实性

学生在阅读过程中应选择最适合自己的阅读方法，这种选择应基于阅读的目的和材料的体裁。一般而言，有效的阅读方法强调对文章内容的深入理解，而不是过分关注语言形式。将重点放在理解文章的内容上，有助于提高阅读效率和效果。如果忽视阅读方法的真实性这一原则，阅读教学的效果可能会大打折扣。因此，教师在指导阅读时，应引导学生根据不同的阅读目的和材料特点，灵活选择并应用合适的阅读策略。

（三）层层设问原则

层层设问原则强调在阅读教学中，教师应提出一系列具有层次性的问题，通过这些问题逐步引导学生深入理解文章的主题和内容。这种方法不仅能够帮助学生理解文章，还能够提升他们的分析和理解能力。例如，教师在讲解 Thomas Edison 这篇课文时，可以提出如下问题：Who was Thomas Edison？Why did Edison's teacher send him away from school？How do you think about Thomas Edison？Why？What can we learn from the text？通过层次分明的问题设计，教师可以帮助学生逐步解析和理解复杂的阅读材料，同时提升学生的思考和分析能力。

（四）速度调节原则

阅读速度与理解能力之间并不存在直接的正比关系。快速阅读并不总是意味着高效地理解，而慢速阅读也不一定指向能力的不足。因此，教师在指导阅读时需要根据学生的具体情况来调整阅读速度，既不盲目追求速度，也不忽视基础能力的培养。

在教学初期，教师应采用较慢的阅读速度，帮助学生充分理解教学材料，特别是在学生初次接触新的概念或复杂的文本时。慢速阅读可以确保学生有足够的时间来消化和理解材料，同时有利于基础知识的巩固和语言技能的提高。随着学生的词汇量、语法知识和语言感觉的增强，阅读技巧也会逐渐提升。此时，教师可以逐步加快阅读速度，以符合学生的能力提升。这种渐进式的速度调节有助于学生逐步适应更快的阅读节奏，同时保证学生的理解能力不会因速度的提升而受到影响。在这个过程中，教师需要对训练的时间和强度进行适当的调整。限制训练时间并逐步增加训练的强度，可以帮助学生在保持理解的基础上提高阅读速度。最终，通过精准把控阅读速度，教师可以有效实现教学目标，帮助学生在不同阶段实现阅读能力的最优化。

四、高校英语阅读教学的改革

（一）高校英语阅读混合式教学

1.混合式学习在英语阅读教学中应用的必要性

（1）网络信息技术的不断发展。自第三次科技革命以来，信息技术的迅猛发展极大地影响了教育领域，特别是在语言教学中的应用。网络技术的广泛应用为教育带来了创新和变革，其中混合式教学法成为教育领域的一大创新。这种教学方法最早由国外培训机构提出，旨在将传统课堂教学和网络化教学有效结合。混合式教学法的核心在于把面对面的教学（face to face）和电子学习（e-learning）进行有机整合。这种教学模式既保留了传统教学的优点（如教师直接的指导和反馈），又利用了网络化教学的优势（如灵活性高、资源丰富）。通过这种结合，教育过程变得更为高效和多元化。在英语教学领域，混合式教学法特别受欢迎。这种方法不仅促进了教师的指导性作用，还激发了学生的主体性作用。学生通过网络平台可以自主学习，增强了学习的主动性和创造性。同时，面对面的教学环节保证了教学的互动性和针对性，帮助学生更好地理解和掌握知识。经过时间和实践的检验，混合式教学法被证明是一种高效的教学方式，实现了传统教学与现代技术的完美融合，为语言学习提供了一个更加灵活、互动和全面的平台。

（2）与学生学习需求相适应。英语作为非母语国家的语言，在中国的英语学习过程中自然存在一定的挑战。学习英语不仅仅是为了应付考试，更重要的是能够在实际交流中运用。因此，语言的实际使用，尤其是口语练习，对于学习者来说至关重要。在这个背景下，高校的英语教学采用混合式教学法显得尤为重要。混合式教学法结合了传统课堂教学和网络化教学的优点，能够为学生提供更全面的学习体验。通过这种教学方法，学生不仅可以学习标准的英语发音，还能够了解到不同英语国家的文化、风土人情和风俗习惯。这种文化的了解对于深入理解语言有着不可替代的作用。一般来说，高校英语阅读课程的主要内容包括各种风格的英文文章，这不仅需要教师的深入解读和分析，还需要学生借助现代信息技术深入了解西方文化。由此一来，学生能够从多方面加深对英语的理解，提升自己的阅读能力，更好地掌握英语，增强语言运用能力。

2.英语阅读教学中混合式教学方法

（1）结合传统教学方式，融入新的教学理念。在传统教学模式中引入混合式教学法，即结合传统面授和网络技术，可以极大地丰富教学资源和方式。例如，使用PPT课件代替传统的板书，不仅可以提供更加生动的视觉效果，还能包含更多维度的信息（如音频、视频等），这些都有助于吸引学生的注意力，提高教学效果。同时，教师在运用互联网技术时需要转变自己的教学理念。教学资源的选择不应局限于PPT课件，而应广泛涉及互联网上的各种资源。教师需要发挥自己的主观能动性，对这些资源进行筛选和整合，以便更好地服务于教学目标。通过合理利用网络资源，教师可以为学生提供更加丰富、多样的学习内容，帮助他们更深入地理解和分析阅读材料。此外，教师要善于在明确目标的基础上，结合传统教学与现代信息技术的优势，更好地引导学生进入学习状态，提高其英语阅读能力。

（2）建立教学情境，激发学生的学习兴趣。在英语阅读教学中，混合式教学法通过充分利用互联网资源，为建立教学情境和激发学生的学习兴趣提供了极大的可能性。这种教学模式使英语阅读材料不再是单调的文字，而是通过情景化的展示（如视频、音频、图片等），让学生能够更加直观和生动地体验文章中的情感和背景。情景化的教学方法有助于学生更深入地理解阅读材料，同时能更好地激发学生对英语学习的兴趣。例如，通过观看与阅读材料相关的英语视频，学生不仅能更好地理解文本内容，还能感受到语言在真实情境中的应用，这种感受是传统阅读教学难以实现的。此外，混合式教学法可以发挥学生的主观能动性，让学生自主探索和利用互联网资源。学生可以利用碎片化的时间进行语言学习，如在移动设备上观看英语视频。这种自主学习的方式不仅方便灵活，还能够有效提升学生的学习积极性。

（3）阅读和写作相结合，培养学生的学习方法。利用混合式教学法，教师可以将阅读和写作紧密结合，通过在线训练和互联网技术的应用，不断提升学生的学习水平。这种方法能够让学生在阅读过程中积累语言材料和思维模式，然后在写作练习中加以应用和巩固，从而实现语言能力的全面提升。混合式教学法结合了传统课堂教学和现代网络教学的优势，使学生在灵活多样的学习环境中能够更好地发掘自己的潜力。这种教学方式鼓励学生自主学习，帮助学生在实践中掌握有效的学习方法，养成良好的学习习惯。通过互联网技术，学生可以访问丰富的学习资源（如在线阅读材料、写作平台和互动论坛），这些资源不仅丰富了学习内容，还提高了学习的趣味性和互动性。

（4）教师要转换角色，充分发挥学生的主体作用。在现代的英语教学中，混合式教学法的运用正逐渐改变着传统教学模式中教师主导、学生被动接受的局面。这种新型教学法强调教师角色的转换，即从知识的传授者转变为学习的引导者和协助者，更多地发挥学生的主体作用。通过混合式教学法的应用，教师不再是课堂的唯一焦点，而是创造条件让学生在学习过程中发挥更大的作用。这种教学模式充分利用网络化教学的资源和工具（如在线互动、多媒体内容等），丰富了课堂内容，扩展了学生的学习视野，同时激发了学生的学习兴趣和积极性，鼓励学生主动探索、讨论和实践，从而有效地提升了学生的英语阅读和整体语言能力。

（二）高校英语阅读交互式教学

1.交互式教学简述

交互式教学作为一种现代教学方法，强调在宽松的教学环境中，通过教师与学生之间的平等交流和自主互动来促进学习。在交互式教学模式下，教学不再是单向的知识传递，而是变成了围绕特定问题或课题的双向对话和探讨。教师在交互式教学中的角色是引导者和协助者，不仅要传授知识，还要激发学生的思考，引导学生进行深入讨论。教师应鼓励学生围绕对阅读材料的理解进行讨论，将其与新的知识点联系起来，确保对话具有明确的主题和方向。这样，学生能够在讨论中明确学习目标，更有效地吸收和整合知识。此外，交互式教学强调学生间的相互支持与促进，鼓励学生分享自己的观点，并根据他人的观点提供反馈。教师对学生发言的客观综合评价和指导，可以促进学生做出更加具有建构性的反映。

2.高校英语阅读交互式教学策略

为有效应用交互式教学模式于高校英语阅读教学，高校需制定具体策略，发挥交互式教学在阅读教学中的优势。

（1）明确阅读任务。在交互式英语阅读教学中，明确阅读任务是至关重要的。教师需根据学生的阅读能力和教学内容精心设计阅读问题和任务，确保任务既具有挑战性，又不超出学生的能力范围。这样的设计使不同水平的学生都能积极参与，通过解决实际问题来深化对阅读材料的理解。教师应提出具体、明确的问题，指导学生探究阅读材料的重点和难点。同时，通过设置适当难度的任务，教师可以鼓励学生在解决问题的过程中积极思考和讨论，从而有效提升他们的阅读理解能力。

（2）开展小组活动。小组活动将学生置于学习的主体位置，通过小组成员间的密切互动和讨论，大幅提升了学生的阅读效率和理解能力。在小组讨论的过程中，每位学生都是学习的主人，他们需要积极参与讨论，而不是被动地等待教师的答案。这种主动参与的学习方式能够促进学生深入思考，激发学生的创造性和批判性思维。在讨论和协作的过程中，学生能够充分表达自己的观点和想法，这不仅有助于提高学生的英语语言表达能力，还能大大增强学生的自信心。小组讨论的模式灵活多变，可应用于教学的不同环节。教师可以根据教学内容和目标设定讨论的时间长短和问题的难易程度，以适应不同的教学需求。通过这种教学方式，学生之间以及学生与教师之间的有效互动得到加强，有助于构建一个积极、互助的学习环境。

（3）强化学生的图式知识，提高其阅读能力。在交互式英语阅读教学中，图式知识的运用对提高学生的阅读能力至关重要。图式知识指的是学生在阅读过程中的语言图式、结构图式和内容图式。语言图式包括对词汇、语法和句型的理解，是阅读理解的基础，能够帮助学生把握文章的字面意义。结构图式指的是对文章结构和组织方式的认识，能够使学生理解文章的框架和逻辑流程。内容图式是指学生对文章主题和背景的理解，这通常需要结合个人的阅读经验和对英语文化的了解。教师在引导学生阅读时，应重点关注这三种图式知识的培养，尤其是经常被忽视的内容图式和结构图式。教师应引导学生在阅读过程中运用这些图式知识进行推测、揣摩和验证，从而更有效地获取和理解文章的信息。例如，通过结合自身的阅读经验，学生可以更好地理解文章的内容，同时能够结合英语阅读的背景和文化特点进行深入理解；通过组织话题讨论、查阅资料等活动，学生可以在交流和合作的过程中丰富自己的内容图式知识，从而进一步提高阅读能力。这种方法不仅增强了学生的理解能力，还提升了学生的批判性思维和创造性思考能力。

第四节　高校英语写作教学改革

一、高校英语写作教学的内容

在英语写作教学中，着重教授文章结构、句式、词汇选择、拼写和标点等方面是至关重要的。一篇优秀的英语作文不仅要求结构完整、内容丰富，还需语言流畅、表达和谐连贯且简洁。教师应引导学生掌握清晰的文章组织结构，学会运用恰当的句式和精准的词汇来表达思想，同时注意拼写和标点的正确性。因此，在英语写作教学中，结构、句式、选词、拼写和标点符号等是其重点教授内容。

1. 结构

（1）谋篇布局。谋篇布局是英语写作的关键环节，要求写作者根据不同的写作目的和体裁选择合适的扩展模式。一般来说，篇章的基本结构由引言段、支撑段和结论段构成，段落的基本结构包括主题句、扩展句和结论句。这种结构的设计能够确保文章的逻辑清晰和内容连贯。不同类型的文体对于主题句、扩展句和结论句的运用有着不同的要求。例如，在议论文中，主题句通常用于陈述作者的观点，扩展句主要是详细阐述支持该观点的理由或证据，结论句则用于总结或重申论点；而在说明文中，这三个部分的作用可能有所不同，主题句可能用于介绍主要概念或情境，扩展句用于详细描述或解释该概念，结论句则总结或提供进一步的思考。教师在英语写作教学中需要指导学生理解不同文体的写作特点和结构要求，帮助学生学会根据不同的写作目的和体裁调整谋篇布局。

（2）完整统一。文章的完整统一要求文章的所有部分（包括事实、原因、例子等细节）都必须紧密围绕主题展开，确保内容的相关性和切题性。这意味着任何偏离主题的句子或信息都应被删除，以保持文章的焦点和段落的完整性。在写作教学中，加强学生对文章完整统一性的认识和能力是至关重要的。教师可以通过专项练习来提升学生这方面的技能，如设计包含不相关段落的练习，让学生进行修改，或者组织学生识别并删去文章中与主题无关的内容。这样的练习不仅能锻炼学生的写作技巧，还能提高学生的批判性思维能力，使学生能够在写作过程中更加注重文章的统一性和完整性。

（3）和谐连贯。在英语写作中，每个句子和段落都应紧密相连，通过有逻辑的思路安排确保内容的流畅衔接。恰当使用连接词是实现这一目标的关键。连接词不仅能使句子更加严谨，还有助于保持段落之间的连贯性，使整篇文章结构清晰、行文流畅。此外，过渡词语的运用同样重要，能增强文章的连贯性，引导读者顺畅地跟随作者的思路。在写作过程中，常用的过渡词语有以下几种。

表示并列：and，also，or，likewise，etc.

表示让步：although，in spite of，despite，etc.

表示相反：on the contrary，conversely，etc.

表示比较：similarly，equally，importantly，in the same way，etc.

表示转折：but，however，nevertheless，while，yet，etc.

表示进一步关系：furthermore，moreover，what is more，besides，in addition，etc.

表示因果：accordingly，as a result，consequently，as，since，so，thus，because，for，for this reason，etc.

表示举例或解释：for example，for instance，such as，in other words，that is， in fact, etc.

表示时间或步骤：after, often, next afterwards, before, finally, first, last, now, second, third, firstly, secondly, thirdly, later, later on, still, then, at that time, meanwhile, when, etc.

表示空间和方向：here, there, next to, beside, near, nearby, along, as far as, to the left（right）, in front of, at the back, in the middle, under, above, etc.

表示结果或总结：therefore, as a result, and so, finally, to sum up, in conclusion, in short, in a word, etc.

2. 句式

英语中常见的句式包括强调句、倒装句和省略句等，句式的多样性能极大地丰富文章的表达，增加文章的吸引力。因此，教师应侧重于句式练习的教学，帮助学生理解和运用这些句式。在教学过程中，教师可以采用"示范"和"讨论"的教学方式，通过展示具体例句并引导学生讨论，让学生在实践中加深对不同句式的理解。这种方法不仅有助于增强学生对句式结构的认识，还能促进学生掌握多种正确的表达方式，从而提高学生的英语写作能力。

3. 选词

在英语写作中，词汇的精准选择不仅影响着文章的风格，还是作者与读者之间有效沟通的关键。选择恰当的词汇需要考虑多个因素，包括语言环境、风格以及预期读者。例如，选用褒义词还是贬义词、形象词还是抽象词、具体词还是概括词，以及在不同情境下使用正式或非正式用语，都会对文章的整体效果产生显著影响。同时，写作还需考虑文章的主题和目的，预期读者的背景和期望。因此，教师在教学过程中应强调词汇选择的重要性，引导学生根据不同的写作目的和风格，灵活准确地运用词汇，以提高文章的表达效果和沟通效率。

4.拼写与符号

在英语写作教学中，拼写的准确性和标点符号的正确运用是构成高质量文章的基础要素。这些看似基础的技能，实际上对确保写作清晰性和专业性有着重要影响。因此，在设计写作教学的方式和内容时，教师应特别强调这些基本技能的训练，可以通过定期的拼写测试、标点符号练习以及审稿练习，来提高学生在这些方面的技能。确保学生在拼写和标点符号使用上的准确性，是提高英语写作教学有效性的重要环节。

二、高校英语写作教学的目标

高校英语写作教学的终极目标是提升学生的写作能力，并且培养学生的跨文化交际能力。关于高校英语写作教学的目标，《大学英语课程教学要求》进行了详细的说明。总的来说，高校英语写作教学的目标主要包含一般要求、较高要求和更高要求三个方面。

一般要求包括：可以掌握基本的写作技能；可以写常见的应用文；可以描述个人经历、观感、情感和发生的事件等；可以在30分钟内完成不少于120词的一般性话题的短文，且中心明确、结构完整；

较高要求包括：可以根据一般性主题表达自己的观点；描述各种图表；可以写所学专业的概要；可以写所学专业的英语小论文；可以在30分钟内完成不少于160词的短文，且内容充实、条理清晰、语句简洁流畅。

更高要求包括：可以以书面形式比较自如地表达个人的观点；可以用英语撰写所学专业的简短的报告和论文；可以在30分钟内完成不少于200词的各类作文，且逻辑性强、观点明确。

三、高校英语写作教学的原则

高校英语写作教学的有序开展需要遵循一定的原则，如图2-7所示。

图 2-7　高校英语写作教学的原则

（一）层进原则

层进原则强调英语写作教学应该是一个由浅入深、循序渐进的过程。学生在提高写作能力的过程中需要经历从基础到复杂的阶段，这不是一蹴而就的，而是需要时间和持续的练习。英语写作的训练应从基础的单词和句子写作开始，逐步向更长的文本和复杂的语篇过渡。词汇是英语写作的基石，正确和恰当的词汇使用对于清晰和准确的表达至关重要。接着，学生需要学会如何将这些词汇组织成具有逻辑和连贯性的句子，句子是表达思想和信息的基本单位。最终，这些句子需要按照一定的逻辑顺序和结构排列，形成完整的语篇。因此，在英语写作教学中，教师应根据学生的实际能力和学习进度，设计适宜的教学内容和活动，逐步引导学生从简单的词汇和句式练习过渡到更加复杂的段落和文章写作，使学生可以在逐渐挑战中提升自己的写作能力，最终达到有效沟通和表达的目的。高校英语写作分阶段教学的具体方案大致可以划分为 10 个阶段：写简单句；写复合句；段落的组成及要点；段落的发展方法；文章的文体类别；文章的结构；写作步骤；写作的书面技术细节与修辞手段；范文分析和题型仿写；独立撰写实践。

（二）以学生为主体原则

在英语写作教学中，以学生为主体原则强调在教学过程中应将学生置于中心位置，尊重并激发学生的主动性和创造性。只有当学生积极参与并成为学习过程的主体时，学习效果才能得到最大化。小组讨论是提高学生主动性的有效方法之一。通过这种方式，学生不仅可以分享彼此的想法和观点，还能在交流中学习不同的写作技巧和策略。在小组讨论中，教师的角色应转变为指导者和协调者，通过合理安排讨论主题和活动，促进学生间的互动和合作。教师可采用多种方式引导小组讨论，如提问、学生互助和集体参与等。这些方法可以增强学生的参与感和兴趣，鼓励他们积极表达自己的观点。此外，教师对学生作文的反馈也是至关重要的，及时、具体、有建设性的反馈能帮助学生明确自己的不足，促使他们在写作中不断进步。

（三）多样化原则

在英语写作教学中，多样化原则强调采用多种形式和方法进行写作训练，以确保学生全面掌握各种写作技巧。例如，缩写练习是一种有效的写作技巧训练，要求学生通过提炼关键词，思考并讨论文章的中心思想，最后动笔将这些思考转化为简洁的文字，这种方法能够帮助学生提高提炼信息和凝练表达的能力；仿写能够让学生通过观察并模仿优秀的写作范例，逐步提高自己的写作水平，通过先临摹后自主创作的过程，学生可以学习并内化优秀的写作风格和表达方法；扩写练习有助于培养学生的想象力和创造性，在这种练习中，学生需要在原有信息的基础上进行合理的想象和拓展，创造出新的内容，这种练习要求学生的想象既丰富又符合逻辑；改写是一种重要的练习方式，学生可以通过改编教材中的对话或文章来加深对原文的理解，并学习如何在不改变中心思想的情况下变换表达方式；情景作文要求学生将所学知识运用于具体的情境中，提炼并转化为带有感情色彩的文字表达，这种练习方式能有效地培养学生的综合能力。通过多样化的写作练习，学生不仅能够提高自己的语言表达能力，还能锻炼自己的思维能力和创造力。这样的教学方法能够有效提升学生的英语写作水平，帮助学生更好地应对各种写作挑战。

四、高校英语写作教学的改革

（一）基于对分课堂的高效英语写作教学

对分课堂教学模式是一种创新的教学方法，其核心在于将课堂时间平均分配给教师讲授和学生讨论两部分，旨在通过明确划分讲授和讨论时间，充分激发学生的学习主动性和参与度。在教师的讲授环节，重点在于传授核心知识和概念，而在学生讨论环节，重点在于通过讨论和合作深化对知识的理解和应用。由于对分课堂涉及多样的学科和广泛的学生群体，教师在实施这一模式时需要有一定的灵活性和创新性，需要根据具体课程和学生的特点，设计合适的教学内容和活动。教师在对分课堂的操作中，应探索不同环节的精髓，比如如何有效地组织讨论、激发学生兴趣、促进学生间的互动等。

1. 课前准备

课前准备这一部分主要包括三个要素，即课前规划、学情分析以及教学环境。

（1）课前规划。一个清晰、完整的教学大纲是有效教学的基石，不仅包括课程的时间表和学习目标，还应详细罗列每堂课的主要内容、活动方式、作业要求、考勤规则以及考核方式。教师首次在课堂上向学生发放教学大纲是对学生权利的基本尊重，同时能够帮助学生了解整个学期的学习计划和期望。在确定教学周期和内容后，教师需要将大纲中的内容细化，规划每堂课的具体教学活动。在此过程中，教师需遵循两个重要原则：均等原则和均匀负荷原则。均等原则要求教师在设计课程内容和作业时，确保任务的数量和难度适中，使学生能够在有限的时间内合理完成学习任务。而均匀负荷原则强调避免学习负担的波动，确保学生的学习压力均匀分布，避免某些章节过于复杂或过于简单。实际操作这两个原则需要教师具备高度的专业素养，对课程内容和学生学习情况有深入的理解。教师需根据学生的实际学情，灵活调整教学计划和策略，确保教学内容既有挑战性又能被学生有效吸收。此外，教师还需要不断反馈和调整教学策略，以适应学生的学习需求和进度。

（2）学情分析。通过对学生群体的系统性剖析和对学生个体情况的深入了解，教师可以掌握学生的学习动机、水平和负担。这不仅有助于发挥学生的个性化特点，还对确定教学模式至关重要，如是否在一堂课内实施对分模式或分布在两节课上。合理的教学安排需要基于对学生学情的深入分析，以确保教学活动既符合学生的实际需求，又能最大限度地提升教学效果。

（3）教学环境。在实施对分教学模式时，教师必须充分考虑教学环境的各个方面，如教室的光线、设备等。一个适宜的教学环境对于对分教学的成功实施至关重要。良好的光线和充足的设备资源能够确保教学活动顺利进行，避免因技术问题影响教学效果。因此，教师在进行对分教学前应对教学环境进行详细的检查和准备，确保所有必要条件得到满足，从而有效地提升对分教学的质量。

2.课堂讲授

对分课堂模式相比于传统课堂，采取了"精讲留白"的教学原则，在一定程度上颠覆了传统教学的系统性、完整性和全面性。在"精讲"环节中，教师不再全面覆盖所有内容，而是专注于指导学生理解"学什么""为何学"以及"怎么学"。"学什么"包括讲解课程的框架、重点和难点以及基本概念和原理；"为何学"强调内容的价值，包括情感态度的培养和形成；"怎么学"环节的重点在于提供有效的学习方法和技巧，指导学生将所学知识应用于实践，同时鼓励学生在学习过程中不断自我完善和优化。对分课堂的这种教学方式，更多地强调学生的自主学习和思考，而不是仅仅依赖教师的讲授，旨在激发学生的学习兴趣，促进学生批判性思维能力的发展。

3.课后学习

课后学习活动主要包括阅读、写作和独立思考。其中，写作环节尤为关键，这一环节不仅是讲授与讨论环节的连接桥梁，还是评估对分教学成功与否的重要标准。在同一堂课上进行教师讲授与学生讨论的对分模式中，由于时间限制，课后作业通常采取"微作业"的形式，简短而具体，旨在迅速巩固所学内容。而在将讲授与讨论分布在两堂课的模式中，学生有更多时间进行深入思考和交流，这为下一堂课的小组讨论提供了充分的准备，使学生能够在小组交流中更加有效地分享和探讨观点。因此，课后学习的安排和设计对于提高对分课堂的教学效果至关重要，不仅能帮助学生巩固和深化课堂所学知识，还促进了学生的独立思考能力的发展。

4.课堂讨论

在对分课堂模式下，课堂讨论分为小组讨论和全班交流两部分。小组讨论旨在促进学生之间的互动和合作，教师需要合理划分小组，确保各组学生的学习水平相对均衡。在小组讨论开始前，教师应简要回顾本节课的主要内容，为讨论定下基调。小组讨论的形式可以根据课堂的具体情况灵活安排，确保每位学生都有机会参与和表达自己的观点。而在全班讨论环节，教师可以通过随机抽查的方式，让几个小组分享他们的讨论结果，学生也可以提出问题并邀请其他小组回答，这样的互动不仅激发了学生的积极性，还增强了他们的批判性思维能力。最后，教师对学生的回答和提出的问题进行总结，确保学生能从讨论中获得深入的理解和新的启发。

5.成绩考核

对分课堂模式强调过程性学习，通过将学生的考核分为作业、考勤和考试三个部分，有效地促进了学生对学习过程的重视。作业占比鼓励学生持续投入课外学习和练习，考勤占比可以督促学生参与课堂活动，而考试占比保证了学生对知识的掌握和理解。这种全面的考核方式有助于提升学生的学习素养，避免单纯依赖期末临时备考的学习习惯，促进学生在整个学习周期内的积极参与和持续进步。

（二）综合教学法在高校英语写作教学中的应用

综合教学法是指将听、说、读、写综合起来进行教学的一种方法。英语语言中的听、说、读、写是相互作用、相互影响的，写作能力的提升可以促进学生在听力、口语和阅读方面的提高，反之亦然。例如，良好的阅读习惯能够丰富学生的词汇和句式，从而提高写作水平；有效的口语交流则有助于提升学生的表达能力，进一步促进写作技巧的发展。因此，在英语写作教学中，教师应注重听力、口语和阅读训练的融入，使写作教学不再局限于文字层面，而是与其他语言技能相互融合。

1.听写结合

听是语言的输入，可以为写作积累丰富的素材，加快写作的输出。具体来讲，教师可以采用以下方式来进行听写结合教学。

（1）边听边写。边听边写的练习对学生来说是一种挑战，要求学生在听的过程中进行记录。听写材料可以是教师朗读的语段，也可以是录音材料。这种边听边写的练习不仅提高了学生的听力水平，还锻炼了学生快速记录重点信息的能力。听写的内容可以灵活选择，如课文改写或与生活相关的小故事。此外，听力填空练习也是一种有效的方式，可以让学生通过听长语段来补全句子，这种方式有助于提升学生对细节的把握能力。

（2）听后笔述或复述。听后笔述或复述的练习注重对学生语言组织和概括能力的培养。在这种练习中，学生在听完材料后，需要凭记忆来进行笔述或复述。这种方式鼓励学生不必完全依赖原文，而是将所听到的内容进行加工和重组，提炼主要信息。这不仅提高了学生的听力水平，还锻炼了学生的语言表达和创造性思维能力。

2.说写结合

说写结合的教学方式在英语教学中十分有效，特别是对于提升学生的写作能力和口语表达能力。通过这种方式，学生能够在交流和讨论中激发写作灵感，明确写作的目的和思路，从而建立写作信心。教师可采用以下方法进行说写结合的教学。

（1）课堂讨论。教师可以将作文题目写在黑板上，引导学生分组讨论写作方法。这种小组讨论形式不仅能激活学生的思维，还能增强学生的交流和表达欲望。在这个过程中，每个小组的成员共同参与讨论，协作完成作文任务。通过小组内的合作写作，学生可以在实际操作中学习如何表达和组织思想。课堂上，每个小组选出一位代表朗读作文，教师和学生共同进行评阅，这种方式能够促进学生之间的相互学习和启发。

（2）改写对话。这种方法要求学生将对话材料改写为短文。学生在改写时需要注意时态、语态和人称的正确使用，同时尽可能运用对话中的新词汇和句型。这不仅锻炼了学生的语言转换能力，还提升了他们的创造性写作能力。教师可以选出优秀的作品在课堂上进行展示，鼓励学生相互学习和评价。

3.读写结合

阅读与写作在英语学习中是相辅相成的两个方面。有效的阅读不仅能够增进学生对文章内容的理解，还能够为写作提供丰富的素材。在教学过程中，教师应引导学生意识到阅读对于提高写作能力的重要性，并教授学生如何从阅读中提炼有利于写作的素材。具体来说，教师可以在阅读教学中指导学生注意作者的用词选择、句式构造和表达思想的方式。通过分析和讨论这些写作技巧，学生可以学习如何在自己的写作中运用类似的方法。此外，教师还应鼓励学生养成做笔记的习惯，将阅读中遇到的优美词汇、独特句子结构和有效表达方式记录下来。这些笔记不仅能帮助学生在阅读过程中更深刻地理解文章，还能在写作时提供灵感和参考。

第五节　高校英语翻译教学改革

一、高校英语翻译教学的内容

高校英语翻译教学的内容主要可以分为三大部分：翻译基础理论、英汉语言对比以及常用的翻译技巧。翻译基础理论包括对翻译活动本身的认识，了解翻译的标准、翻译的过程、翻译对译者的要求（译者的素养）以及工具书的运用，等。英汉语言对比部分的内容不仅包括在语言层面的语义、词法、句法、文体篇章上对英汉两种语言进行比较，掌握其异同，还包括在文化层面、思维层面进行英汉对比，以便在翻译过程中完整、准确、恰当地传达出原文的信息。常用的翻译技巧包括语序的调整、词性的改变、正译与反译、增补与省略、主动与被动、句子语用功能的再现等。

高校英语翻译教学是一个动态的教学系统，不仅要求学生掌握理论知识和技巧操作，还要求学生能够理解和适应两种语言和文化之间的差异。高校英语翻译教学的最终目的是使学生能够准确和流畅地传达原文信息，同时提升学生的跨文化交际能力。

二、高校英语翻译教学的目标

高校英语翻译教学的目标主要分为三个层次：一般目标、较高目标和更高目标。下面对这三个层次目标进行详细介绍。

（一）一般目标

一般目标包括：学生能够借助词典对熟悉题材的文章进行英汉互译；英汉译速应达到每小时约 300 个英语单词，汉英译速为每小时约 250 个汉字；译文应基本准确，无重大的理解和语言表达错误。

（二）较高目标

较高目标包括：学生能够摘译所学专业的英语文献资料；能够借助词典翻译英语国家大众性报刊上熟悉题材的文章；英汉译速应提升至每小时约 350 个英语单词，汉英译速为每小时约 300 个汉字；译文应通顺达意，理解和语言表达错误较少；能够使用适当的翻译技巧。

（三）更高目标

更高目标包括：学生能够借助词典翻译所学专业的文献资料和英语国家报刊上有一定难度的文章；能翻译介绍中国国情或文化的文章；英汉译速应进一步提高至每小时约 400 个英语单词，汉英译速为每小时约 350 个汉字；译文内容应准确，基本无错译、漏译，文字通顺达意，语言表达错误较少。

三、高校英语翻译教学的原则

为保证高校英语翻译教学的有效性，高校英语翻译教学的开展需要遵循一定的原则，如图 2-8 所示。

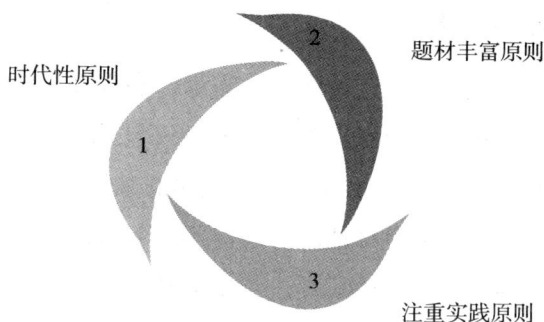

图 2-8 高校英语翻译教学的原则

(一) 时代性原则

在高校英语翻译教学中, 时代性原则强调翻译教学内容和方法必须与时俱进, 能够反映当前社会、科技和文化的发展趋势。随着经济全球化的加速和信息技术的飞速发展, 国际交流日益频繁, 对翻译人才的需求也随之增长, 这种需求不仅体现在数量上, 还体现在质量和多样性上。因此, 高校翻译教学需要紧跟时代步伐, 更新教学内容, 包括最新的翻译理论、技术工具的使用, 以及跨文化交际能力的培养。

时代性原则要求教学方法和手段具有创新性。例如, 利用网络资源和多媒体工具, 教师可以为学生提供更加丰富和真实的学习材料, 增强互动性和实践性, 使学生能够更好地适应当前和未来的翻译市场需求。时代性原则要求教学内容能够进行及时更新, 反映社会发展和国际交流的最新趋势, 如环境保护、人工智能、全球卫生等话题的引入不仅拓宽了学生的知识视野, 还提高了他们处理复杂和多样化翻译内容的能力。

时代性原则强调对学生进行终身学习能力的培养。在快速变化的时代, 翻译人才需要不断学习和适应新的技术、理论和市场需求, 因此培养学生的自主学习能力和终身学习的意识成为翻译教学的一个重要方面。

综上所述, 时代性原则是高校英语翻译教学中不可忽视的一个重要原则, 它要求教学内容、方法和目标都要与时代发展同步, 以培养出能够适应未来社会需求的翻译人才。

（二）题材丰富原则

为了满足社会对翻译人才的多元化需求，高校英语翻译教学必须强调材料的多样化和系统化。这意味着教学过程不仅包括常见的应用文、新闻和广告文体，还应扩展到法律、文学等专业文体的翻译练习。通过综合性训练，学生能够全面提升自己的翻译能力，适应不同领域的翻译需求。在这个过程中，每一种文体的练习应呈阶段性进行，即在完全掌握一种文体之后，再转向另一种文体的学习。这种阶段性的训练方法有助于学生更深入地理解每种文体的特点和功能，从而更加精准地进行翻译。这也让学生有机会专注于每种文体，直至他们能够在不同文体间自由转换，实现"触类旁通"的效果。翻译练习不应该是孤立的，而是需要将翻译中常见的问题与不同文体的练习相结合。这种方法可以帮助学生识别和解决特定文体中经常出现的翻译难题。例如，某些问题可能在法律文体中更为常见，而另一些问题可能在文学文体中更频繁出现，将解决翻译问题与文体语篇练习结合起来会收到事半功倍的效果。

（三）注重实践原则

注重实践原则强调高校和教师应尽可能为学生提供机会，让学生在翻译公司等实际工作环境中体验真实的翻译过程，在锻炼学生技能的同时，对学生未来职业生涯进行预演。通过参与社会实际翻译工作，学生不仅能增强学习动力，提高学习积极性，还能更深刻地理解理论知识与实际操作之间的联系。这种实践经验能够使他们在理解翻译过程的复杂性和多样性方面取得显著进步。这也是对学生进行社会适应性训练的一个重要环节，能够帮助学生认识到翻译工作的社会价值和职业要求，为将来更快地融入社会和职场打下基础。

四、高校英语翻译教学改革的策略

高校英语翻译教学的改革可以从以下几方面入手，如图2-9所示。

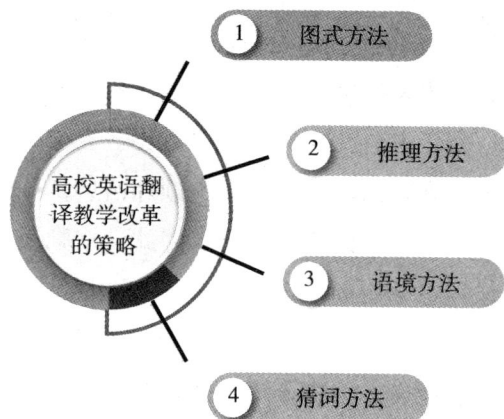

图 2-9 高校英语翻译教学改革的策略

（一）图式方法

图式本质上是大脑中存储的知识片段，这些知识片段以独立的形式存在，是人类理解语言和信息的基础。人类从出生开始，就在与外部世界的互动中不断认识和理解周围的事物、情境和人。在这种互动过程中，大脑逐渐形成了各种认知模式，围绕不同的事物和情景建立了有序的知识系统。因此，图式实际上是大脑中关于外部世界知识的组织形式，是人类认识和理解周围世界的基础。在翻译教学中引入图式的概念至关重要。翻译不仅仅是语言文字的转换，更是一种文化和知识的传递。学生在面对新的文本时，如果大脑已经形成了相关的图式，那么他们理解和翻译的过程将会更加顺畅。相反，学生如果缺乏相应的图式，那么他们在理解新信息时可能会遇到困难，影响翻译的质量。因此，翻译教学应重视激活学生大脑中与文本相关的图式。在翻译教学中，教师应提供一些需要激活图示才能正确理解的语言材料，引导学生根据这些材料进行翻译，以帮助学生正确理解和翻译。这要求学生不仅记忆语言的形式和功能，还要调动与材料相关的图式。通过这种方法，学生能够修正和丰富他们对事物的认知图式，从而提高翻译的准确性和深度。

（二）推理方法

推理是从已知的或假设的事实中引出结论，是一种基于文本结构内在特征的深层思考活动。翻译人员在面对文本时，通常会基于自己的知识和经验进行一系列推理，这些推理活动有助于提供额外信息，从而将文本的各个部分联系起来，实现对每个句子的充分理解。因此，在翻译教学中，教师应有意识地向学生介绍和训练常用的推理技巧。这些推理技巧包括：利用逻辑词进行推理，帮助学生理解句子之间的逻辑关系；根据作者的暗示进行推理，有助于捕捉文本的深层含义；根据上下文进行推理，促进学生对整个文段或文章的深入理解。

教师可以通过具体的练习和案例分析，引导学生在翻译实践中应用这些推理技巧。例如，教师可以通过分析复杂句子的结构，教导学生如何利用逻辑关系进行推理；或者通过研究文本的文化背景和语境，指导学生如何根据上下文和作者的暗示进行推理。这样的教学不仅增强了学生的推理能力，还提高了他们的翻译水平。

（三）语境方法

语境分为宏观和微观两个层面。宏观语境涉及话题、场合、交流对象等因素，它为话语赋予了确定和具体的意义。微观语境则关注词义搭配和语义组合，帮助精确捕捉特定语境下的具体含义。译者在翻译时需综合考虑这两种言语环境，因为只有通过对宏观和微观语境进行深入理解，才能准确把握话语的真正含义。译者不仅要依赖自己的语言知识来理解句子，还需要根据原文的语境信息进行推理和思辨。这样做可以更深入地理解原文作者的深层意图，从而在译文中更准确地表达原文的意思。

在翻译教学中，语境不仅影响着词语选择和语义理解，还决定了篇章结构的构建。正确的翻译必须基于对语境的深入理解，包括文本所处的文化和社会背景以及语言使用的具体环境。因此，教师在教学过程中应引导学生密切关注原文的语境，深入分析文本中的每一个细节，确保理解的准确性。通过紧扣语境，学生能够更好地理解原文的意图，进而在翻译时做出恰当的表达选择。这需要学生不断推敲，反复斟酌语言的细微差别，以确保翻译既忠于原文，又能传达其深层意义。教师的任务是帮助学生培养这种对语境的敏感性和分析能力，使学生能够在翻译中准确、生动地表达原文的含义。

（四）猜词方法

概念能力指的是从原文中提取零散信息，并将其升华为完整概念的能力，是理解原文的关键能力。当学生的词汇量有限时，他们可能难以形成对词句和段落的完整概念，特别是在关键词含义不清时，更容易导致误解。因此，教学过程中引导学生学习并运用猜词方法至关重要。通过猜词方法，学生可以在缺乏完整信息的情况下，依靠上下文和已有知识来推断词义，从而增强对原文的理解。这种技巧不仅能帮助学生克服词汇障碍，还能促进学生在语境分析和信息整合方面的能力。因此，教师应重视在翻译教学中培养学生的概念能力，可以通过实践和练习强化他们的猜词技巧，以提高翻译的准确性和流畅性。翻译中的猜词方法包含以下几种。

第一，根据词的构成猜测生词词义。这种方法要求学生具备一定的构词法知识，包括对词根、前缀和后缀的理解。例如，了解某个词根的基本含义可以帮助理解整个单词的意思。这种方法尤其适用于拉丁语和希腊语源的英语单词。

第二，利用信号词。信号词是上下文中起纽带作用的词语，它们有助于理解句子的逻辑和结构，从而帮助推断生词的意义。例如，转折词"however"或因果关系词"therefore"可以为理解随后的生词提供线索。

第三，根据意义上的联系猜测词义。句子中的词语或上下文之间通常存在某种意义上的联系。通过分析这种联系，学生可以推测某个词语的大致含义。这种方法要求学生对整个句子或段落的意义有一个总体的把握。

第四，结合实例猜测生词词义。有时候，下文中的例子会对上文中提到的生词进行解释，或者反过来，通过例子中的常用词可以推测上文中生词的含义。这要求学生不仅关注单个词语，还要理解整个句子或段落的上下文。

第五，通过换用词语推测生词词义。文本中不同的词语有时候会被用来表达相同的意思，或者难易词语交替使用。通过这些词语的对比，学生可以推测出生词的大致意义。

在翻译教学中，培养学生的猜词能力对于提高其翻译质量和适应性至关重要。通过这些方法的训练，学生能够更有效地处理未知词汇，增强学生的翻译能力和自信心。

第三章　跨界融合：语言学视角下高校英语教学的发展

第一节　基于认知语言学的高校英语教学

一、认知语言学的相关理论

（一）认知的内涵

认知属于人类的基本机能，人类的思维是认知的核心。下面便从人类的思维入手，对认知进行分析。

1.人类思维的界定

关于思维的定义主要有两种观点，即客观主义观与经验现实主义观。传统语言学信奉客观主义观，而认知语言学信赖经验现实主义观。

（1）客观主义观。对于思维的认识，客观主义观主要包括以下三方面内容。

①思维是抽象性的，可以操作抽象化符号。在逻辑推理中，如果 A 大于 B，B 大于 C，那么可以推断出 A 大于 C。这种抽象思维能力使人类能够建

立对外部世界的深层理解和再现。

②思维是独立存在的。思维不仅仅是个体心智的产物，还可以超越个体，存在于个体之外。这种观点突破了思维仅限于个体心智的传统看法，为探索集体智慧和社会认知提供了新的视角。

③思维有正确性和错误性之分。当思维与外部世界的实体和范畴正确匹配时，外部世界的逻辑结构就能在人脑中得到真实的再现。这种观点强调了认知过程的真实性和可靠性，同时意味着思维可能存在误差和不完善，需要不断地校正和发展。

（2）经验现实主义观。美国乔治·莱考夫（George Lakoff）和美国马克·约翰逊（Mark Johnson）的研究对传统的客观主义观进行了深刻的批判与转变，引入了一种新的哲学思维——经验现实主义哲学。这种哲学观点深入探讨了思维的本质，特别是思维如何植根于人们的感知和身体经验中。

①思维蕴藏在身体中，根植于感知中。这一观点强调了身体特征、社会和物理环境对思维的影响。例如，"上"和"下"的概念不仅仅是空间方向的简单表示，还受到人们身体特征（如直立行走）和物理环境（如地心引力）的影响，在人类的社会和文化环境中，这些概念被进一步丰富和具象化，如"人往高处走，水往低处流"等俗语以及我们对自然现象的观察（如树木向上生长、水位上升等）都在无形中塑造了人们对"上"和"下"的深层理解。

②思维依赖于"隐喻"与"借代"，属于意象主义。人类的思维并不总是直接面对客观事实，而是通过隐喻来理解和表达抽象概念。例如，我们会描述某人的情绪状态为"低迷"时，实际上是用空间上的"低"来隐喻心理状态的不佳。这种使用隐喻的方式是我们理解和交流抽象概念的关键手段，使抽象思维变得更加生动和易于理解。

2. 人类认知的界定

认知作为心理学的重要术语之一，是心理活动的一个关键组成部分，与情感、意志、动机等共同构成人类复杂的大脑机制。认知过程是人类获取和应用知识的基础，涉及信息的处理和解读。认知包括感知觉、记忆、思维、想象和语言等多个方面，它们不仅塑造了人们对世界的理解，还影响着人们如何表达和交流思想。

认知过程是大脑对外界信息的接收、处理和反应的整体机制。当人们接触外部环境时，各种信息会通过感官被大脑捕捉并加以处理。这一加工过程会转化为人们的内部心理活动，涉及感知、记忆、思维等多个方面。随后，这些经过处理的信息会影响人们的行为和决策，起到调节个体认知活动的关键作用。简而言之，认知过程是大脑如何理解和响应外界刺激的综合表现，是个体与环境互动的核心。

认知与思维、心智、智能、推理、认识这些术语之间既有联系又有区别。下面通过认知、思维、心智、智能、推理、认识的对应概念以及所属学科来加以区分，如表3-1所示。

表3-1　认知、思维、心智、智能、推理、认识的区分

术语	对应概念	所属学科	具体内容
思维	存在	哲学、逻辑学、思维哲学	唯物论、唯心论
心智	大脑、身体	心理学	一元论、二元论、物理主义
智能	体能	认知科学	本质：符号论、连通论 来源：天赋论、建构论
推理	概念、判断	逻辑学	思维的手段
认识	情绪、意志	哲学（认识论）	感性认识、理论认识、初识、再识
认知	现实认知语言	认知科学	狭义：认识≠认知，认识＞认知，非实践，有意识 广义：感知觉、思维、推理、语言、心智、意义、概念等是无意识的

（二）认知与语言的关系

认知与语言的紧密关系是当代语言学研究的重要议题之一。语言不仅仅

是人类特有的沟通工具，还是心智活动和认知能力的直接体现。在生物学和心理学层面上，语言揭示了人类大脑的复杂性和高级思维能力。社会层面上，语言反映了人类文明的发展和进步。语言作为人类抽象符号思维的直接表现，与其他认知机制（如记忆、感知和思维等）密切相关，这种关系使从认知角度研究语言成为一个重要的学术方向。认知语言学正是基于这种理解，关注如何通过认知过程来解释语言现象，探究语言和思维之间的相互作用。

在教学领域，认知语言学的原理对英语教学尤为关键。通过理解学习者如何在认知层面上处理语言信息，教学方法可以更加贴合学习者的认知特点和需要，从而提高教学效果。例如，通过分析传统语言学与现代语言学的不同观点，我们可以看到，现代语言学更加强调语言的使用者和使用环境的影响，这有助于设计更符合实际应用的教学策略。

（三）何谓认知语言学

认知语言学作为一种语言研究方法，其理论体系尚待进一步完善。这一学科试图从认知的视角解读语言现象，尽管语言的复杂性和多变性使语言不可能被完全预测，但认知语言学提供了深入探讨语言本质的新途径。学者王寅在认知语言学的研究上提出了独特见解，认为认知语言学是一个领域交叉的学科，其研究重点不再局限于语言本身，而是更广泛地涉及身体经验和认知过程。他还强调，认知语言学的目标是探索语言事实背后的认知模式，并基于这些模式提供一致性的语言解释。[①] 这种观点不仅丰富了对语言现象的认识，还促进了跨学科的研究方法在语言学领域的应用。

二、认知语言学对高校英语教学的积极意义

认知语言学对高校英语教学的开展具有重要意义，如图 3-1 所示。

---

① 王寅. 什么是认知语言学 [M]. 上海：上海外语教育出版社，2011：14.

图 3-1 认知语言学对高校英语教学的积极意义

（一）推动教学进程

认知语言学可以促进高校英语教学的进程，主要表现在以下三个方面。

第一，整合知识网络，促进知识的记忆，帮助学生正确理解知识。在学习英语时，学生经常面临大量的新词汇、语法规则和表达方式。认知语言学通过揭示这些语言元素背后的认知机制，可以帮助学生建立内在的知识联系，使新知识的吸收更为自然和高效。例如，通过探究词汇的隐喻和概念化基础，学生可以更深刻地理解和记忆这些词汇。

第二，促进学生对后续知识的提取与应用，促进学生思维能力的提升。在英语学习中，仅仅记忆语言知识是不够的，更重要的是能够将所学知识应用于实际语境中。认知语言学的原理和方法可以帮助学生更好地理解语言的使用环境，从而在实际交流中更加灵活和有效地使用英语。

第三，帮助学生寻找语言错误背后的原因。在英语学习过程中，错误是不可避免的。认知语言学通过分析错误产生的认知根源，帮助学生理解为什么会犯这些错误，并指导他们如何更正和避免类似错误，从而在学习过程中实现自我提升。

（二）增强教学活力

认知语言学是基于人类对现实世界认知过程的学科，强调语言是个体对其所经历的现实世界的反映。这一学科的核心理念认为，由于每个人感知和体验世界的方式各不相同，因此每个人形成的认知体系也有所不同，这种差异性直接反映在语言表达上。在这个框架下，语言学习，尤其是第二语言学习（如英语学习）与母语学习之间存在显著差异。母语学习通常先于第二语言学习，且母语中已形成的知识和概念系统会在很大程度上影响第二语言的学习。在学习第二语言时，学习者不仅要吸收新的语言知识，还必须整合这些新知识与已有的母语知识体系。在这一过程中，学习者的母语系统常常无意识地起到一种媒介的作用。为了促进学生更有效地学习，教师可以采用对比分析的方法，通过明确目标语言（如英语）中的相关概念，帮助学生从母语的影响中由"无意识"转变为"有意识"地学习。

此外，认知语言学还强调利用对比分析来帮助学生理解不同语言间的概念和范畴差异。通过这种方式，学生可以对语言知识进行有效的重组，这不仅促进了学生对第二语言的深入理解，还增强了教学的活力和效果。在日常英语教学中，教师可以借助这种方法帮助学生清晰地看到英汉语言在概念上的差异，从而使学生能够更深入地探索语言的应用乐趣，培养对英语学习的兴趣，最终提高学生的语言交际能力。

（三）丰富教学活动

认知语言学在英语教学中的应用强调了语言的体验性和实践性，提倡在实际活动中认知和应用语言，主张将语言学习与体验和实践紧密结合，使学习过程更为生动和有效。

1.应用肢体动作辅助英语教学

认知语言学认为，人的身体不仅是人与客观世界之间的媒介，还是构建语言学习基础的关键要素。这一理念为英语教学提供了新的视角，即通过身体经验来理解和使用语言。教师可以利用这一理论，设计更加丰富和显性的教育活动。例如，在教授介词和方位词时，教师可以引导学生使用肢体语言（如手势和身体动作）来解释和体验这些语言概念，这种方法不仅能够帮助学生更加直观地理解语言结构，还能加强学生的记忆和应用能力。

此外，将肢体语言融入英语教学，可以使课堂更加活跃和互动。通过表演和肢体动作，学生可以更加深入地理解和记忆英语词汇和语法结构。例如，在学习动词或者句型时，学生可以通过模拟相应的动作或情景来加深理解，这种教学方法不仅使学生更加主动地参与学习过程，还能增加学习的趣味性，从而提高学生的学习动力和效果。

2. 发挥学生的主观能动性

在认知语言学指导下的英语教学中，教师可以通过多种方式激发学生的主观能动性，促进他们主动学习。

教师可以展示丰富的语言材料，并引导学生进行归纳和总结。这一过程不仅能够帮助学生构建自己的语义辐射网络，理解语言的意义和使用之间的联系，还能够培养学生的自主学习能力和主人翁意识，使学生从被动接受知识转变为主动探索。

教师可以将显性教学和隐性教学结合起来，推动教学进程。显性教学关注直接教授语言知识和规则，而隐性教学侧重于通过活动和实践让学生自然吸收语言。例如，通过对比分析的方法，教师可以激发学生对英语和母语之间差异的探索兴趣，从而增强教学的活力和效果。

教师可以运用肢体语言和动作辅助英语教学，这不仅可以使学习过程更加生动有趣，还能激发学生的参与意愿和主动学习动力。通过模拟和实践，学生可以更深刻地理解和记住语言知识，提高学习效率。

三、认知语言学理论下高校英语教学策略的改革

随着认知语言学的不断发展以及学者对其研究的持续深入，在高校英语教学策略中运用认知语言学理论知识会使教学工作的开展更加高效化。下面根据认知语言学理论提出一系列可行的英语教学策略，如图 3-2 所示。

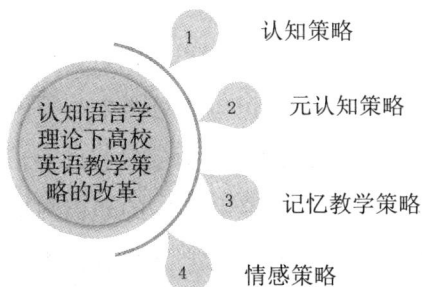

图 3-2　认知语言学理论下高校英语教学策略的改革

（一）认知策略

1.认知策略的内容

认知策略包括许多具体的方法和步骤，具体如下。

（1）复述，即复述输入信息中需要记忆的内容。在英语教学中，教师可以鼓励学生用自己的话复述刚学过的课文或对话，这样不仅能加深对材料的理解，还能提高口语表达能力。

（2）组织，即根据语义或语法属性对词和概念等进行分类。这种方法有助于构建知识框架，使学生更容易记忆和理解新词汇和语法结构。

（3）猜测，即运用口语或语篇信息来推测语义、段落意义、故事结局或填补空缺的信息。这种方法可以提高学生的推理能力和理解力，特别是在阅读和听力练习中非常有效。

（4）总结，即为了长期记忆而对输入的信息进行周期性的总结。例如，在每个单元结束时，教师可以要求学生总结学过的关键词汇、语法点和交际用语。

（5）演绎，即运用规则定义来理解语言。这种方法在语法和词汇的学习中都非常有用。

（6）归纳，即将属性、种类、含义相同的知识放在同一范畴中。这种方法适用于语法和词汇教学。

（7）意象，即运用视觉表象来理解和记忆新知识，属于短时记忆。例如，教师可通过图片、视频或现场演示来介绍新词汇或语言结构，使学生能够更直观地理解和记忆。

（8）迁移，即运用已有的语言知识积累促进新的知识积累。这种方法特别适用于学习第二语言，因为学生可以将母语中的知识迁移到英语学习中。

（9）精加工，即在新信息之间或在新信息与已有信息之间建立命题联系并加以整合。这有助于构建更加复杂和丰富的知识网络。

（10）注意，即将思想集中于有关学习的信息或重要信息上，对信息材料保持高度警觉的状态。

（11）简化，即利用关键词、缩写、符号和数字等记录与储存信息。这种方法可以提高学习的效率，特别是在学习大量新词汇时。

（12）联想，即建立知识之间的关联性，并对新学到的知识和已有知识进行联动猜想。这种方法有助于加深理解和记忆，特别是在学习相似的语言结构或词汇时非常有效。

2. 认知策略的应用

认知策略作为教学策略的重要组成部分，旨在强化学生的理解并促进知识的内化。高校英语教师需将认知策略融入教学中，有意识地培养学生运用这些策略，包括教授学生如何有效地复述、组织、猜测、总结和归纳信息，以及如何使用意象和迁移技巧来加强记忆和理解。通过这种方法，学生可以更深入地掌握英语，提高自身的综合语言应用能力。认知策略的具体应用方式如下。

（1）举例示范法。认知策略的本质是对内的调控策略与技能，这些内在的、隐性的心理活动通常无法通过外部行为直接观察。因此，教师在教授这些策略时会面临特殊的挑战，即如何有效地将这些难以直观展示的概念和规则传达给学生。解决这一问题的关键在于通过实例和示范来解释认知策略。在高校英语教学中，教师可以选择具体的例子，展示如何在实际语言学习中运用各种认知策略，如复述、组织信息、猜测含义、总结内容、演绎和归纳规则等。通过分析这些例子中的具体应用，教师可以揭示背后的认知思考过程，帮助学生理解和记忆这些策略。例如，教师可以通过具体的阅读或听力材料，演示如何运用猜测或总结策略来提高理解和记忆效率；教师还可以鼓励学生在课堂上实践这些策略，通过互动和讨论来深化理解。随着时间的推移，学生通过模仿和实践，可以逐渐掌握这些认知策略，并将其应用于英语学习中，从而提高他们的学习效率和语言能力。通过这种方式，认知策略不仅作为一种理论知识被传授，还作为一种实用的学习工具被学生内化和运用。

（2）反复练习与运用。认知策略具有高度概括性和抽象性，在实际应用中显示出极大的灵活性。为了熟练掌握和运用这些策略，学生和教师都需要在日常生活中有意识地练习和应用这些认知规则，以提高认知活动的效率。养成使用认知策略的习惯是一个逐渐过渡的过程，不能急于求成。这需要学生通过持续、有意识的练习和重复应用，以达到熟练掌握。通过这种方法，学生可以逐步提高他们在英语学习中的认知能力，从而提高学习效率和语言技能。换言之，坚持不懈、持之以恒的练习和应用是掌握认知策略的关键。

（3）符合认知规律。学生学习策略的效果受限于其认知水平，因此认知策略的教学必须符合学生的认知发展规律。这意味着在教授较高级的认知策略之前，教师需要确保学生已经掌握了基础的技能。例如，学生若未理解范畴概念，就难以学习和运用基于词汇范畴的记忆策略。因此，教师在设计教学计划时，应逐步引导学生，从基础知识和技能入手，逐步向更复杂的策略过渡。

（二）元认知策略

1.元认知策略的内容

元认知策略又叫"调控策略"，它源自元认知理论，是学习过程中的一种关键内在监控和评估手段。这种策略使学生能够在学习中发挥主观能动性，对自己的学习状态、所采用的方法及其效果进行实时监控和评估。通过运用元认知策略，学生可以根据评估结果对学习过程进行及时调整，从而最大化学习效益。这种策略的应用不仅增强了学生的自我反思能力，还提高了学生对学习方法的自我调节能力，从而在提高学习效率的同时，促进深度学习的实现。

2.元认知策略的教学方法

（1）培养学生的自我调控意识。在高校英语教学中，教师的职责远超出简单的讲授知识。除了"传道、授业、解惑"，教师还承担着培养学生自主学习能力的重要任务，其中包括培养学生的元认知意识。这种意识使学生能够根据自身的学习水平和认知规律，有计划、有组织地监控和调整自己的学习活动。教师在传授语言知识的同时，应着重培养学生的元认知能力，教导他们如何自主地策划和监控自己的学习过程。这不仅提高了学生对学习方法的自我调节能力，还促进了深度学习的实现，为学生终身学习奠定了坚实的基础。通过这种方法，教师能够更有效地帮助学生成为独立、自主的学习者，最终达到教学与学习的最佳效果。

（2）帮助、引导学生确立科学的学习目标。在元认知策略中，确立适合自身的学习目标是一个关键步骤，它为个体的学习活动提供了明确的方向和目的。学习目标的确立通常发生在课程开始阶段，与学习计划紧密相连，两者通常同时制订。为有效实施这一策略，教师在课程开始前应向学生清晰地介绍本节课的主要内容，并提供一般性的学习目标。这样，学生在课前对材料进行大致浏览时，就能有一个明确的方向，思考如何利用这些材料来达到预定目标。此外，教师也需要关注学生的个体差异，特别是在英语水平方面的差异，为不同水平的学生提供适合他们的个性化学习目标。通过因材施教，教师能够更好地满足学生的个别需求，确保每位学生都能根据自己的能力和水平获得最佳的学习效果。

（3）训练学生的元认知监控调节策略。为提升学生的元认知监控和调节能力，教师需将课堂主导权交给学生，确立学生作为课堂主人的地位，激发学生的主动学习意愿，促使他们在课堂上积极发挥作用，实时监控和调整自己的学习过程。教师在这一过程中转变为引导者和辅助者的角色，重点在于教授有效的学习方法，使学生能够自主掌握和运用各种学习策略。通过这种方法，学生被鼓励主动管理自己的学习，培养独立思考和自我调节的能力，从而更有效地学习和吸收新知识。教师的引导和支持在这一过程中起着至关重要的作用。

（4）师生评估结合，提高学生的评价策略能力。随着线上教学的普及和发展，教学测评方式经历了显著的变革。传统的教学模式通常依赖于期末考试成绩来评估学生的学习效果，但这种方法往往无法全面反映学生的真实学习情况。线上教学的兴起为教师和学生提供了更多样化的学习评估方法，使教学测评更为全面和及时。在线上教学环境中，教师可以利用各种工具和平台，进行更频繁和多样化的学习测评。例如，通过课堂提问、小测验以及网络平台上的教学测试，教师能够实时监控学生的学习进度和理解程度。这种阶段性的评估不仅有利于及时发现并解决学习中的问题，还能够促进学生对学习内容的深入理解和吸收。此外，新型的测评方式还有助于教师对自己的教学方法进行评估和反思。通过分析学生在不同测评中的表现，教师可以更好地了解自己授课的效果，从而不断优化教学策略和内容。这种自我评估和反思对提高教师的教学水平至关重要。

在整个教学过程结束后，进行课后小结同样重要。教师应引导学生正确评价授课内容及学习效果，共同总结课程中的得失，找出存在的问题，并进行相应的调整和改进。这不仅有助于学生加深对课程内容的理解，还有助于教师提升教学质量，实现教学和学习的双向优化。

（三）记忆教学策略

记忆是大脑对经验的一种反映，涉及识记、保持和再现三个基本环节。记忆过程始于对客观事物的反复感知，进而形成稳固的神经联系，随后进入保持阶段，巩固已形成的联系。在适当条件下，这些存储的信息可以被恢复，表现为再认知或回忆。20 世纪 50 年代以后，心理学家开始采用信息加工的观点来解释记忆，将其视为大脑对输入信息进行编码、储存和提取的过程。

记忆是一种动态且主动的心理过程。存储在记忆系统中的信息不断被加工和改造，与个体在识记前后的经验建立多样的联系。经验在记忆过程中发生着量和质的变化，由此产生多种不同类型的记忆。记忆的生理基础在于人脑对外界刺激的反应，进而形成暂时的神经联系，并留下痕迹。这些神经痕迹在复习时被强化并巩固，在需要时旧的神经痕迹被重新激活，从而实现再现。

因此，记忆策略可以被理解为个体运用记忆的基本规律，以有效地识记、保持和提取信息的方法和技巧。这些策略包括多种记忆技巧，如重复练习、联想记忆、分布式学习等，这些技巧能够优化记忆过程，提高记忆效率。通过这些策略，个体可以更好地掌握信息，提升学习和记忆能力，使记忆过程更加高效和持久。

（四）情感策略

1.情感因素的类型

在英语学习中，情感因素起着至关重要的作用，主要包括两大类：学生的个人情感因素以及师生之间、生生之间的情感因素。个人情感因素包括焦虑、抑制、自尊心、性格和学习动机等；师生之间、生生之间的情感因素主要包括课堂交流、跨文化意识等。这些情感因素复杂多变，不仅相互关联，还互相影响，贯穿于英语学习的整个过程。因此，英语学习情感策略的核心在于帮助学生控制和调整自己的情绪、态度和动机，以促进更有效的学习。

2.情感策略的培养

在教学过程中，了解学生的基本信息、认知水平和学习动机是教师制定有效情感策略的前提。基于这种了解，教师可以更有针对性地培养学生的情感策略，实现"知己知彼，百战百胜"。教师需要在充分了解学生后，针对性地进行情感调动和引导，帮助学生在情感和情绪层面上取得进步，从而促进其学习效果的提升。情感策略的培养可以从以下几方面入手，如图3-3所示。

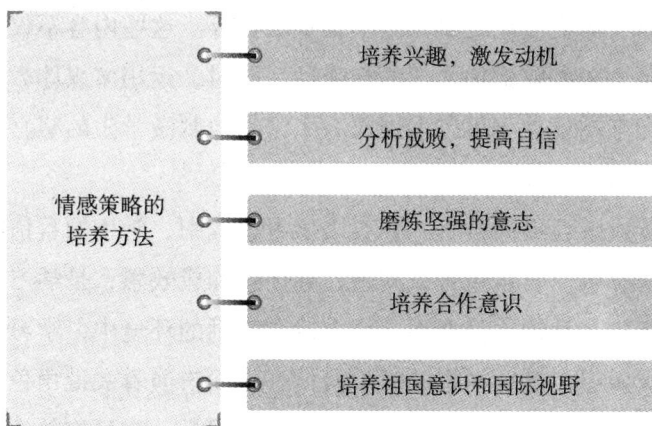

图3-3　情感策略的培养方法

（1）培养兴趣，激发动机。内在动机在学习过程中扮演着至关重要的角色，是维持学习动力的基础。每位学生天生具有三种基本的内在动机：好奇内驱力（求知欲）、胜任内驱力（成功的欲望）和互惠内驱力（与人和睦共处的需求）。这些动机包含了深层的学习愿望，能够自我激励，且具有长远的影响力。学习动机是可以塑造和发展的，一旦形成，就会持续影响学习活动的整个过程。动机不仅能够增强学习活动，还能通过学习活动本身，进一步激发和加强动机。尤其是在外语学习中，强烈的学习动机可以帮助学生克服语言天赋的局限和不利的学习条件。为了激发学生在英语学习方面的内在动机，教师可以在教学过程中巧妙地运用各种教学策略。例如，穿插适量的讲座可以提供新知识，激发学生的好奇心；自我测评有助于学生评估自己的学习进度，增强胜任感；课堂讨论则能促进交流与合作，满足互惠内驱力，从而有效提升英语学习效果。教师可利用合适的教学内容、教学方法和教学手段来提高学生对学习英语的浓厚兴趣，其具体措施如下。

①教师可以引导学生根据自己的生活、发展、学习需求以及自尊、自我实现的需要，制订清晰的短期和长期学习目标。通过这样做，学生的认知和情感需求可以得到满足，从而激发学生学习英语的兴趣和内在动机，进而提高学习积极性。

②在教学过程中，教师应当穿插新颖、难度适中的教学材料，如原声电影、外语新闻、英美文化背景介绍、文学欣赏等。这些内容不仅能够丰富学生的知识体系，还能够增加学习的趣味性。同时，运用多媒体教学手段（如视频、音频和互动软件）可以多层次、多维度地刺激学生的感官体验，进一步激发他们的学习兴趣。

（2）分析成败，提高自信。在英语学习过程中，学生的自信心对其学习效果有着重要影响。自信包含认同感、胜任感和成效感，是学习者对自身价值和能力的评价与认识。只有在一个支持和鼓励的环境中，学习的认知活动才能发挥最大效果。教师在提升学生自信心方面扮演着关键角色。教师需要帮助学生树立正确的观念，让他们明白英语学习是一个可控的认知过程，关键在于个人的努力和坚持，同时强调通过适当的学习策略可以有效提高学习成效。教师应指导学生正确处理学习中的挫折和失败，教会他们正确分析自身的成败，鼓励他们克服困难，找到适合自己的学习方法。教师还应关注学生的个性和人格发展，肯定学生的每一点进步，鼓励他们进行有利于自信建立的比较，使学生得到积极的反馈和正面暗示，这种方法不仅能帮助学生建立对自己的信心，还能激励他们更积极地参与学习，逐渐提升自我效能感。

（3）磨炼坚强的意志。教师在激发和增强学生的学习动力方面扮演着关键角色。通过使学生理解学习目的和活动的个人益处，教师可以创建或加强学生的学习动机，这意味着教师需要向学生展示学习英语的实际价值和长远意义。帮助学生控制自己的学习进程和明确学习目标同样对强化学习动机至关重要。教师的积极反馈（如奖励和表扬）是强化学生动机的有效手段，通常比惩罚等负面手段效果更好。除此之外，教师还需要磨炼学生的意志力。在英语学习过程中，学生难免会遇到挑战和困难，这时候顽强的自制力和坚强的毅力是他们走向成功的关键。通过各种策略和活动，教师可以帮助学生培养面对挑战时的毅力，从而确保他们在学习过程中保持专注和持久的热情。

（4）培养合作意识。在当今世界，合作意识和合作精神是情感态度教育中不可或缺的部分，对于世界的繁荣与进步至关重要。在教育领域，特别是在语言学习中，培养学生的合作意识尤为重要，具体可以通过小组合作学习的形式实现。教师应设计和安排那些需要团队合作才能完成的学习任务，以此激发和培养学生的合作意识。例如，短剧表演、团队采访或社会调查等活动不仅能够促进学生之间的合作与协商，还能增强他们的团队协作能力和社交技能。

（5）培养祖国意识和国际视野。祖国意识的集中体现就是爱国。爱国是学生最需要培养的情感，具体可以通过介绍中国的文化和民族英雄来实现。教师应在教学中挖掘并利用教材中的相关内容，对学生进行爱国主义教育。同时，为了培养学生的国际视野，教师还需要结合教材内容向学生介绍其他国家的文化，强化学生对本国文化的认识和爱国情感，同时拓宽学生的国际视野，帮助学生更好地理解和欣赏不同文化，促进文化交流和理解。

第二节　基于社会语言学的高校英语教学

一、社会语言学的定义

社会语言学，顾名思义，是研究语言与社会之间关系的学科。社会语言学将语言视为一种社会现象或社会行为，探讨语言在不同社会群体中的运用及其社会意义。自 20 世纪 60 年代以来，社会语言学在英美等国家得到广泛传播，并融合了人类学、社会学、哲学、心理学等学科的理论方法，从而成为一门综合性学科。社会语言学的研究涵盖语言的使用、地位、规划和态度等多个方面，取得了显著成果。社会语言学关注的核心是社会对语言的影响以及语言如何反映社会差异，包括不同城市、地区、民族和国家之间的社会结构以及社会成员使用的语言及语言的变化。

社会语言学深入分析了语言在不同社会群体中的运用方式，探讨了语言如何影响人们的社会地位和身份认同，以及语言在社会交往中的作用。社会语言学还研究社会因素（如阶层、性别、年龄等）如何影响语言使用和变化。因此，社会语言学不仅是一门语言学，还涉及信息学、心理学、人类学等多个学科领域，是一门多学科交叉的综合性科学。通过研究语言与社会的关系，社会语言学为我们提供了理解语言在社会中作用和影响的深刻见解。

二、社会语言学与英语教学之间的关系

社会语言学与英语教学之间的关系是密不可分的，两者相互影响，共同发展。社会语言学为英语教学提供了深刻的社会文化背景和语境，帮助教师和学生更好地理解语言在不同社会环境中的使用和变化，促使英语教学不仅关注语言结构的传授，还更加注重语言的实际应用和文化含义。

在社会语言学的影响下，英语教学逐渐转变为一种更加动态和互动的过程。教师在教学中不再局限于传授语法规则和词汇，而是更多地将注意力转向如何使学生能够在不同的社会和文化背景下有效地使用英语，包括了解不同社会群体的语言习惯、掌握各种语言风格和语调的变化以及培养跨文化交际的能力。社会语言学还使英语教学更加重视学生的个体差异，如不同文化背景、社会阶层和个人经历等因素如何影响学生的语言学习。这种个性化的教学方法有助于满足学生的特定需求，提高教学效果。此外，社会语言学还强调了语言在社会互动中的作用，这促使英语教学更加重视实际的语言应用场景，如商务交际、日常对话等。通过模拟真实的交际环境，学生能够更好地理解和应用所学的语言知识。

三、社会语言学对英语教学的影响

（一）社会语言学对英语教学方法的影响

从社会语言学的视角来看，语言是特定文化的一部分，不同的交际关系会使交际语言发生变化。因此，教师在教学中不仅要教授单词的意义和功能，还应引导学生根据不同的交际对象和场合使用恰当的交际语言。此外，教师还应帮助学生了解相关的文化背景，为他们营造一个充满语言文化的学习环境。通过这种教学方法，学生可以更好地理解语言的实际使用情境和文化含义，从而有效提高他们的英语交际能力和实用能力。交际教学法不仅提高了学生的语言技能，还拓展了他们的文化视野，使他们能够在多元文化背景下更加自如地运用英语进行交际。

社会语言学将英语语境中具有连贯意义的话语称为语篇，语篇在英语教学中扮演着重要角色。语篇不仅是语言使用的单位，还是交际活动的一部分。在英语教学中，理解语篇的文化环境至关重要，因为语篇的意义和使用通常依附于特定的文化环境中。在教学过程中，强调对语篇的教学有助于学生更好地掌握英语交际能力。教师应引导学生从语篇的角度理解思维和表达。通过对词汇的分析讲解，并结合实际的教学内容，教师可以向学生展示词汇在具体交际环境中的使用方式。这种方法不仅教授了单词和短语的意义，还涵盖了它们在真实语境中的应用。宏观语境因素（如社会环境和文化背景）直接影响着英语的使用程度和风格。社会语言学使学生不仅能理解语言的意义和形式，还能透过表象深入了解语篇在实际交际过程中的功能和作用。

（二）社会语言学对英语教学目标的影响

随着社会环境的不断改善以及人们对英语教学理解的持续深化，当前英语教学越来越强调目标的具体化和实用性。从社会语言学的视角来看，英语教学的目标应与该语言在国内实际交际活动中的作用相符合。这种观点促使教学目标不再局限于基础语言技能的传授，而是更加关注专业化和实际应用。语言存在着专业性差别，由此产生了专业外语的概念。特殊用途英语（ESP）就是这种专门化英语教学的典型例子，它针对特定的职业或学术领域，强调实用性和针对性。在我国各院校，英语教学目标已逐步明晰，不仅确立了学生需要掌握的语言技能、相关题材和交流功能，还侧重于学生未来职业发展的需要。对于非英语专业的学生，他们在完成基础学习后，应转向与自己专业相关的英语学习，以增强其职业能力和市场竞争力。而对于英语专业的学生而言，提前明确就业方向并学习与专业相关的英语内容是至关重要的。这样的教学目标不仅使学生能够更有效地利用英语技能，还能为学生的未来职业生涯奠定坚实的语言基础。

（三）社会语言学对英语教学大纲的影响

以往英语教学大纲的主要内容是语法教学，忽视了对语言符号使用的讲解。近年来，情境教学法的出现改变了这一局面。情境教学法以特定的教学情境或专题为主体，将英语语法和单词结合起来，使学生在具体的语境中学习和使用语言。情境教学大纲包含了实际交际过程中常用的英语语言结构，相较于传统的语法教学，它更具实用性和针对性。自交际能力概念提出后，英语教学的重心逐渐转移至提升学生的交际水平。在这一思想的指导下，许多交际语言教学大纲陆续出现，如威尔金斯（D.A.Wilkins）提出的意念大纲。这些大纲不仅教授词汇的形式、意义或发音，还重视对词汇和结构在实际交际中的应用问题。此外，一些教学大纲在语法教学的基础上进一步探讨了英语的功能及其在交际活动中的应用。这种以情境和交际为核心的教学方法使英语学习更加贴近实际生活，帮助学生在具体的交际场景中理解和运用语言。通过这样的教学方法，学生不仅学会了语法规则，还能够在实际交际中灵活运用所学知识，有助于提高学生的语言运用能力。

（四）社会语言学对英语教学内容的影响

随着英语教学大纲的改革，教学内容也出现了相应变化，其重心已从传统的语言基础训练转移到提升学生的交际能力。在社会语言学的指导下，英语教学不再仅仅是对词汇、语法的机械性训练，而是更加注重语言的实际使用和交际功能。教师开始引入更多的英语情景对话和交际活动，使学生能够在类似真实的语境中实践和运用英语。这种教学内容使学生能够更好地理解语言的社会和文化背景，提高了学生的语言适应能力和交际技巧。通过将社会语言学的理论融入英语教学，教学内容会变得更加丰富和多样化。课堂上的对话和讨论不仅涵盖了日常交际情景，还包括了不同社会和文化背景下的交际习惯，使学生能够更好地理解和适应多元文化环境下的语言交际。

四、社会语言学在高校英语教学中的应用

社会语言学应用于高校英语教学中，可以采取以下几种教学方法，如图3-4所示。

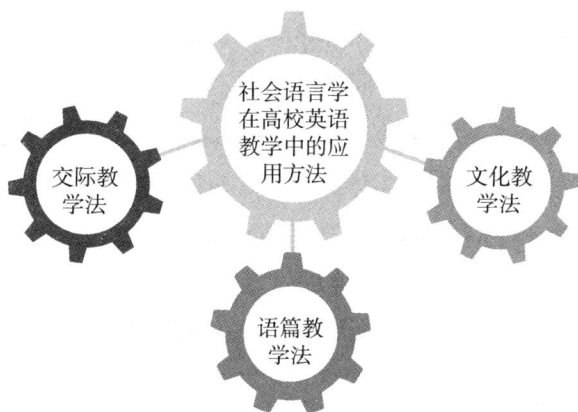

图3-4　社会语言学在高校英语教学中的应用方法

（一）交际教学法

自交际能力的概念被提出以来，英语教学的重心已转向培养学生的交际能力。这种能力不仅包括语言知识的掌握，还涵盖了策略能力、话语能力、社会语言能力以及语言能力。策略能力涉及对语言规则系统的掌握，包括如何在交流中表达意愿、转换话题和结束对话等。话语能力涉及如何正确使用语言以及如何通过语言实现特定的交际目的。社会语言能力指的是在特定社会和文化环境中正确使用语言的能力。语言能力是指掌握词汇、语法和语音等语言知识的能力。语言的学习和使用并不等同于记忆规范的单词或规则，而是在大脑中的内化。

课堂上的教学方式及教学内容应以交际为中心展开，教师可以通过组织各种集体活动（如角色扮演、分组对话、小组辩论赛等）来促进学生的交际能力发展。在交际能力教学中，教师的角色转变为活动的组织者和参与者。他们不仅要安排和引导课堂活动，还要积极参与其中，为学生提供必要的支持和指导。这种教学方法突破了传统教学法以课本为中心的局限，教师可以根据自身的教学理念和学生的实际需求灵活地设计课堂内容。

在课程开始前，教师可巧妙地利用多媒体资源来激发学生的学习兴趣，为英语课程营造生动的学习氛围。例如，教师可通过展示医生给小朋友诊断的画面，吸引学生的注意力，并自然地引入"I have a headache"这一课题，这时教师可引导学生从天气话题着手，从而引出本节课程的话题"What's the weather like today"，引导学生就此话题进行英语对话。这时会有学生回答"It's windy"，也有同学会回答"Sometimes it's hot day.And some time it's cool day"。老师可继续提问"Do you think children feel comfortable in this weather"，这时学生便会异口同声地答道"No, children don't feel comfortable in this weather"。接着，教师可以继续提问"If children don't feel comfortable, what will they do"，学生便会回答"See a doctor"。这样的教学方式能够提升学生的英语口语运用能力，还能提升其表达能力。

（二）文化教学法

从社会语言学的视角来看，文化不仅仅是狭义上的知识体系，还是包括社会制度、技能、习惯和信仰等模式的广义概念。这种广泛的文化理解对英语教学尤为重要，因为学生只有在了解了英语语言背后的文化背景后，才能够有效地进行交流。基于此，英语教师应承担起教授文化背景知识的责任，提升学生的文化素养。这不仅是对语法和词汇教学的补充，还是为了培养学生的全面交际能力。为此，英语教师需要采取更加社会化的教学方法，通过引入实际生活中的文化元素（如节日习俗、日常生活习惯、社会交往方式等）来丰富学生的文化认知。通过这种方式，学生不仅能学到语言本身，还能理解和适应不同文化背景下的交际方式。文化教学法有助于学生在将来的职业生涯中更好地适应多元文化环境，满足社会对复合型人才的需求。

（三）语篇教学法

句子语法规律与自然语言的实际使用存在差异，而普通的描写方法往往不足以描述语篇层面的语法现象。语篇教学法关注语言在实际交际中的运用，考虑交际因素，使一些抽象的语法概念在具体语境中得以清晰阐释。通过语篇教学，学生不仅能够学习语言结构，还能学会如何在实际交际中应用语言，掌握语言使用的原则和策略。这种教学方法使学生的语言学习更加贴近真实的社会交际场景，实现英语作为交际工具的基本功能。

语篇教学作为一种先进的英语教学方法，不仅扩展了学生的学习视野，还加深了学生对语言意义、形式及其与社会因素之间关联的理解。通过这种方法，学生能更全面地理解英语学习在社会交际中的重要作用。在语篇教学中，教师可通过分段式引导帮助学生提升阅读理解能力。例如，在阅读分析课程中，教师可以引导学生先从理解文章的第一段开始，如提问"Please tell me the meaning of the first paragraph"，然后再过渡到第二段的理解，逐步深入。这种分步骤的教学方法不仅能帮助学生逐步建立对文章的理解，还能培养他们的思维和分析能力。通过语篇教学的方式，教师在文章学习的过程中起到了关键的引导作用。整个学习过程中，教师与学生的互动是关键。通过互动式的教学方法，学生在教师的引导下逐步构建对整篇文章的理解，并能够在课程结束时与教师一起复述整篇文章。这种教学方式不仅提高了学生的语言理解和表达能力，还增强了他们的交际能力和社会意识。

第三节　基于系统功能语言学的高校英语教学

一、系统功能语言学的内涵

系统功能语言学是由英国语言学家迈克尔·哈利迪（Michael Halliday）在 20 世纪中期提出的一种语言学理论。与传统的语言学不同，系统功能语言学不仅关注语言的形式结构，而更加重视语言在社会文化背景中的功能和实际应用。这种理论视语言为一种社会符号系统，其作用不仅包括表达信息，还包括构建和维护社会关系。

系统功能语言学的核心思想在于，语言承载着多重功能，包括如何用语言表达经验和信息（概念功能）、如何通过语言建立和维护社会关系（人际功能）以及如何将语言组织成连贯和有意义的整体（语篇功能）。这意味着，人们在使用语言时，不仅是在描述外部世界的事件或内心的思想，还通过语言的方式（如提问、命令或请求等）来与他人互动，以及通过特定的语法结构和词汇选择来构建整体的语言表达。系统功能语言学的影响力远远超出了理论语言学的范畴，在教育、文学分析、跨文化交际等众多领域均有应用。通过强调语言的社会性和功能性，系统功能语言学提供了一种全面深入的视角，帮助人们理解语言在人类社会生活中的多重作用和深远意义。

二、基于系统功能语言学的高校英语口语体演文化教学

语言即文化行为，学习语言就是演练目标文化。体演文化教学法在英语

口语教学中的应用是一种创新的教学策略，强调通过亲身体验和角色扮演来学习语言和文化，不仅提供了真实的语境，还使学生能够通过模拟实际情境来获得深入的文化知识和语言技能。

在体演文化教学中，教师扮演着关键的角色，需要引导学生扮演不同角色，形象地复现课文情景，从而使学生能够在模拟的社会环境中实践和体验目标语言。例如，在教授英语礼貌用语"sorry"时，教师可以构建不同的社交场景，让学生了解并实践这一词汇在不同情境中的使用方式和内涵。通过这种方式，学生不仅能理解课文内容，还能在扮演过程中深刻体会语言的文化内涵。

（一）课程类型

体演文化法口语教学聚焦于文化规范及学生真实交谈技能的发展，因此需要开展两种类型的课程，即理论课和实践课。通过结合理论课和实践课的方式，教师能有效地促进学生对目标语言文化的深入理解和实际交际技能的发展。在体演文化法口语教学模式下，理论课程和实践课程相辅相成，共同构建了一个全面的学习环境。

在理论课上，教师的主要任务是引导学生深入探讨语言与文化之间的关系，具体可以从以下两方面进行：一是对词语文化进行分析，如习语的使用、词语的文化含义差异以及民族特有的概念如何在语言中体现；二是对话语文化进行探讨，这主要包括话题的选择、语码的选择、话语的组织等方面。这些理论知识不仅能够帮助学生了解文化是如何影响和制约语言使用的，还能为他们在实践课中的体演活动提供必要的背景知识和理论支持。

在实践课上，教师的职责是创设具体的文化场景，使学生有机会在模拟的目的语文化环境中进行体演。场景可以包括日常生活中的问候、道歉、订餐等交际活动。在这个过程中，学生需要了解体演的五大元素：时间、地点、角色、脚本和观众。这些元素能够帮助学生更好地投入角色中，提高学生的语言运用能力和文化适应性。此外，教师要善于使用学生的目的语进行教学，这有助于学生将来在目标语言文化环境中正确、恰当地使用语言。

（二）基本程序

体演文化法口语教学的核心在于通过模拟目的语境，使学生能够将语言和文化知识深植于长期记忆中。这一教学模式期望学生在未来的目的语环境中能够准确地理解他人意图，并有效地运用所学的语言和文化知识进行恰当的交流。体演文化法口语教学主要包含三个基本步骤：构建语境、变更语境、反馈与评价，如图 3-5 所示。

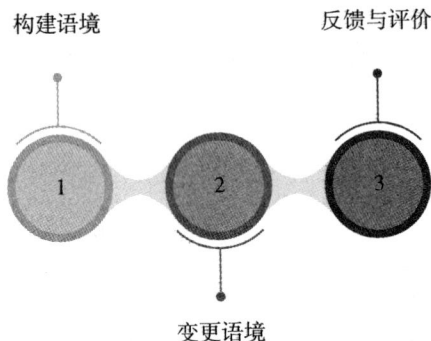

图 3-5　体演文化法口语教学的步骤

1. 构建语境

在体演文化教学法中，构建语境是实施该教学法的基础和核心。这一步骤要求教师精心选择道具、设计教室布局，确保所提供的图片或图表简洁明了，以便于学生理解。教学重点在于创造一个真实的语言使用环境，同时确保教学任务的真实性。这意味着教学内容必须与学生的实际生活紧密相连，且应按照故事情节或现实生活场景的自然顺序进行安排。教师在这一过程中不仅需要帮助学生构建具体的语境（如所处的地点、正在进行的任务、所扮演的角色等），还应鼓励学生先使用已学过的语言进行操练。这样做既能够加强学生对语言知识的掌握，又能给予他们真实的沟通机会，从而更好地将语言学习与实际应用结合起来。

2. 变更语境

之所以要变更语境，主要基于以下几个理由：第一，语言和行为随着语境的变化而变化，因此学生需要学会在不同的语境中灵活运用语言；第二，学生必须具备识别和适应各种语境的能力，以应对未来可能遇到的复杂多样的交际环境；第三，课堂上所模拟的语境并不能完全涵盖真实世界的所有情况，学生需要能够将所学知识在新的、未知的语境中进行应用。为有效实现语境的变更，这一过程需要按照特定的方法逐步进行，并且保持清晰、简单和真实。变更语境的方法包括：替换词汇或句型，以引导学生学习新的表达方式；扩大对话练习的范围，以提高学生的流利度；逐一更换诸如职务等不同的因素，以锻炼学生的应用能力。重要的是，在进行下一次语境变更之前，教师要确保学生已经通过多次练习掌握了当前语境下的知识点。

3.反馈与评价

教师需要在学生对场景和练习内容记忆犹新时，及时且清晰地提供反馈。这要求教师不仅要指出学生的错误，还要帮助学生理解错误的具体情况，并指导学生进行改正。此外，教师还应使学生了解自己的表现，并鼓励学生基于收到的反馈进行进一步的学习。这样的及时反馈和有效评价能够促进学生更好地理解学习内容，同时激励学生在语言运用和文化适应方面不断进步。

（三）基本方法

1.运用丰富多彩的教学资料

通常来说，统一的口语教材大多强调传统的文化交际内容，与现实不断变化的口语交际文化之间存在一定的不协调性。鉴于实际口语交际的实践性和文化内容的广泛性，教师需要拓展教学内容，运用多样化的教学资源，以激发学生的表达兴趣和意愿。为此，教师可以结合使用固定教材和补充资料。这种方法不仅能够克服单一教材的局限性，还能使学生接触到更加广泛和多元的口语知识。通过引入实际生活中的对话、新闻、影视节目等多样化材料，教师可以帮助学生更好地理解和适应不同的文化和语境，从而有效提升他们的口语交际能力。

2.培养学生的文化差异敏感性

在口语教学中，培养学生对文化差异的敏感性至关重要，这是提升他们口语交际能力的关键。为了增强学生对不同文化的理解并消除文化偏见的消极影响，教师需要搜集丰富的典型材料。这些材料应包括各种语境化的情景，帮助学生将抽象的文化知识与具体的文化实例相结合。教师可以采用对比的方法（如比较中西方文化的差异）来培养学生对不同文化特征的敏感性和理解力，这样不仅能加深学生对文化差异的认识，还能为学生未来在多元文化背景下的有效口语交际打下坚实的基础。

3.频繁进行口语演练

为了提高学生对文化差异的敏感性，教师需要让学生通过参与多种形式的学习和练习活动来体验不同文化，加强学生对中西方文化差异的理解和掌握。在具体实施练习活动时，教师应遵循由易到难、由具体到抽象的原则，以增强学生的自信和自我效能感。在具体的练习活动中，教师可以采用双人或小组对话的方式，让学生在交流中观察和体验同伴的反应，并在必要时进行及时纠正。例如，设定的练习场景可能是朋友间的打招呼，教师需要指导学生注意文化差异，避免触及西方文化中可能被视为敏感的话题，如年龄或职业。这样的练习不仅可以锻炼学生的口语交际能力，还能够在实践中深化学生对文化差异的理解和尊重。

4.通过多种渠道提高口语能力

为提高学生的口语表达能力和跨文化交际能力，教师可以利用多种渠道和手段让学生接触并体验不同民族的文化特点和差异，特别是通过欣赏影视作品，学生可以更加深入和直观地理解不同文化。影视作品作为信息传递的有效载体，不仅能够给学生带来视觉和听觉上的震撼体验，还能充分激发学生的感官参与。同时，学生可以通过模仿电影中的对话和场景来提高自己的口语能力。这种模仿练习不仅能增强学生的学习积极性，还能有效地锻炼他们的语言表达和理解能力。通过这样的练习，学生不仅能够学习语言本身，还能深入理解文化背景下的语言表达方式和交际习惯。

三、基于系统功能语言学的高校英语阅读"宏观—微观—宏观"教学

将系统功能语言学理论应用于英语阅读教学，能有效克服传统"形式主义"语言观的局限，帮助学生更深入地理解语言的含义和语篇的深层意思。基于系统功能语言学理论设计的"宏观—微观—宏观"教学模式是一种针对英语阅读教学特别定制的新型教学模式。在这种模式下，教学开始于对整个文本的宏观理解，然后深入文本的微观分析，最终再回归到宏观层面进行整体理解和总结，使学生能够从整体到局部再到整体的过程中，全面理解文本，深挖其背后的文化和语境信息。

（一）宏观结构

1.语篇体裁和篇章结构

英语语篇按体裁可分为记叙文、议论文、说明文等，这些文体在广告、新闻、法律等领域中有广泛应用。不同的文体具有不同的组织结构和章节安排，这对于学生理解和分析文本结构至关重要。在高校英语阅读教学过程中，教师可以引导学生分析不同文体的篇章结构，包括其形式和内容结构。例如，问题解决模式常用于议论文，叙事模式适用于记叙文，而总论分述模式多见于说明文。通过对这些结构进行学习和分析，学生可以更好地理解各种文体的特点，提高阅读理解能力。这种教学方法不仅增强了学生对英语语篇的整体把握，还促进了他们对不同文化背景下语言表达方式的理解。

2. 文化语境

语篇是语言的基本单位。语境与语篇之间存在着密切的关系，其中文化语境通常通过语篇的体裁来体现。因此，识别和理解语篇的特定体裁对于英语阅读教学尤为重要。在教学过程中，教师应首先帮助学生了解语篇的体裁，然后分析文章的总体语境，让学生对文本的文化背景有一个基本的了解。这种教学方法有助于激活学生原有的知识，为深入理解语篇内容奠定基础。教师还可以利用多媒体工具（如幻灯片、自制课件等）生动地介绍语篇

的文化背景。这种多媒体教学方式不仅可以增强学生的学习兴趣，还能提高教学的效果。通过这样的教学设计，学生可以更好地理解语篇的文化和语境背景，从而提高阅读理解能力。

（二）微观结构

1. 确定重点形式项目

英语词汇的不断发展和变化使在阅读过程中遇到生词、短语和习语成为一种常见现象。新词汇往往成为阅读理解的障碍，特别是当一个文本中含有大量生词时，即便是阅读技巧熟练的学生，其阅读速度和质量也可能受到影响。面对这种情境，教师应指导学生在阅读前先浏览全文，对不熟悉的词汇、短语或习语进行标记，把它们视为阅读理解过程中的重点攻克对象。这种方法不仅能够帮助学生意识到可能的阅读难点，还鼓励学生采取主动学习的态度，提前准备应对这些障碍。此外，通过这种策略，学生也可以学习如何根据上下文来推测生词的含义，提高语境理解能力。

2. 教授重点形式项目

在英语阅读教学中，面对学生遇到的陌生单词、短语和习语，教师应重点培养学生推测这些形式项目意义的能力。具体来说，教师可以引导学生从系统功能语言学的视角出发，探索这些词语在特定语篇中的功能和作用。通过分析单词在句子或段落中的上下文关系、语法结构和潜在的语境，学生可以更准确地推断出陌生词语的含义。这种基于语境的推测方法不仅能减少陌生词汇对学生阅读的负面影响，还能够增强学生的语言分析能力和整体理解水平。

3. 强化与扩展

在英语阅读教学中，学生在推测出生词在语篇中的含义后，仍需进一步了解这些词汇的系统特征，包括探究生词与其他词汇之间的语义关系、搭配关系以及生词在不同语境中的功能和意义。这样的深入学习有助于学生在未来的阅读中更好地理解和运用新词汇。教师在教学过程中，如果条件允许，可以利用生词在特定语篇中的功能、搭配和意义等方面来向学生介绍单词的系统特征。

4.语法结构的分析

在确定、教授和扩展形式项目后，教师应从不同角度对语篇中的小句进行分析，也就是从及物性结构、语气结构、主位结构等角度对语篇的整体语法特点进行分析。

5.意义分析

在结束语法分析之后，接下来就要根据语法分析来认识意义。从及物性结构上讲，语篇由以下几个部分组成：第一是物质过程；第二是关系过程；第三是心理过程；第四是话语过程。

6.语境推测

接下来，教师应引导学生对语篇进行情景语境的推测，具体包括以下几项内容：话语范围；物质过程；关系过程；话语过程与心理过程；话语基调。

（三）宏观重构

在英语阅读教学中，采用"宏观—微观—宏观"的教学模式对篇章进行深入分析是非常有效的。学生首先在宏观层面对文章进行整体把握，然后在微观层面深入分析词汇衔接、语法结构和逻辑关系，最后再回到宏观层面，对篇章的意义进行整体重构。这种方法能让学生系统地理解篇章内容，包括其展开方式、核心思想以及如何升华篇章的思想内容。通过这样的学习过程，学生不仅能够更深入地理解文本，还能从中领会到作者想要表达的深层思想和感情。

"宏观—微观—宏观"教学模式的应用有助于转变学生的学习态度，使他们认识到学习的内容不再是冷冰冰的文字，而是充满生命力的思想载体。这种教学方式不仅提高了学生的阅读理解能力，还激发了学生对语言和文化深层次理解的兴趣，为学生的综合语言运用能力的提升奠定了坚实的基础。

四、基于系统功能语言学的高校英语读写循环教学

系统功能语言学在英语写作教学中的应用，不仅重视写作本身，还强调阅读与写作之间的密切联系，认为阅读与写作是语言交际过程中互相补充、不可分割的部分。在系统功能语言学指导下的写作教学中，教师应将阅读和写作紧密结合。通过这种方法，学生在阅读中学到的语言表达、文体结构和思维模式可以直接应用于写作练习，从而提高写作水平。同样，学生在写作过程中的思考和探索，也能反过来增强他们的阅读理解能力。系统功能语言学强调语言的交际双向性，将阅读和写作视为同一交际过程中的两个基本部分，有助于学生理解阅读与写作在语言交际中的重要性和作用，鼓励学生在两者间建立联系，提高综合语言运用能力。

（一）建构相关话语范围的知识

相关话语范围的知识主要是指与主题相关的各种文化社会知识。建构相关话语范围的知识是读写循环教学法的起始阶段，需要完成的任务主要包含以下几项。

第一，深化学生对与话语范围相关的各种知识、经验的认识，通过讨论与交流了解其他学生的相关经历。

第二，比较与话语范围相关的本族语与目标语知识中的相同之处与不同之处，从而了解不同文化背景对话语范围的影响。

第三，罗列、选择、整理与话语范围相关的词汇及表达方式。

为完成上述任务，教师通常可进行以下教学活动。

第一，教师可以准备一些围绕特定话题的语篇，让学生通过讨论和比较这些语篇，来理解不同语言和文化在表达相似话题时的异同点。这不仅增强了学生的跨文化理解能力，还有助于他们认识到语言表达的多样性。

第二，教师可以组织学生在课堂上分享自己的经历。例如，教师可以让学生讨论各自最喜欢的一本小说，包括小说的作者、故事梗概、创作背景等。这些交流活动不仅能够锻炼学生的逻辑思维能力，还能拓宽学生的知识面，为写作提供丰富的素材。

第三，教师可以组织学生参与与话题相关的活动（如观看相关影片、参观展览等），以加深他们对话题的理解和感受。这种亲身体验有助于学生在写作时更加深入地表达他们的想法和感受。

第四，教师可以引导学生准备与话题相关的物品（如图片、音频、视频等），以此来建立一个具体的语境。

第五，教师可以引导学生从写作的角度来阅读语篇，并发展认识语言符号、辨别意义、略读、速读、寻读等技巧，帮助学生更好地理解文本，同时提高学生的写作技能。

第六，在学生阅读过程中，教师可引导学生将与题目相关的新的语言点进行归纳整理，并将新的语言点与已学过的内容联系起来。

（二）建立相关语类的语篇模式

教师在建构相关话语范围的知识后，就要着手建立相关语类的语篇模式，具体需要完成以下任务。

第一，通过对不同语篇进行分析，教师向学生传达不同语类（如叙述、议论、说明等）的意识。

第二，通过分析不同语篇，教师需要使学生感受到特定语类的词汇和结构特征，以及这些特征是如何帮助表达主题的。

第三，通过语篇分析，学生还应该能够理解不同语类的社会功能，即这些文本类型在实际交际中的角色和目的。

在建立相关语类的语篇模式时，教师可以组织以下教学活动。

第一，教师安排学生阅读相关的范文，使学生对特定语类有初步的了解。

第二，教师可以与学生一起阅读这些语篇，采用学生轮流阅读或教师领读的方式，帮助学生更好地理解文本内容。

第三，教师应鼓励学生对语篇内容的背景进行推测，加深对文本的理解。

第四，教师可以让学生回忆在其他情境下遇到的类似语篇，通过分享和讨论，帮助学生理解不同语篇的内容、观点和态度。

第五，教师可以组织学生对语篇的框架结构进行分析。

第六，教师可以引导学生找到相似的语篇，练习发现不同语类结构的方法。

第七，教师以语类为基础，组织学生观察、归纳、总结一些规律性的语法模式。

第八，教师指导学生观察、归纳和总结不同语类中的语法模式，并探索这些语法模式与语类的内在联系，即哪些语法特征能够体现特定语类的特点。

教师的主要任务在于引导学生在话语范围的知识结构与语篇的语类模式之间建立联系，为后续的教学奠定基础。

（三）进行语篇的创造

1.合作创造语篇

在合作创造语篇的环节中，学生需要尝试结合主题和语类，使用特定的语类模式来表达某一主题。这个过程对学生来说充满挑战，因此教师的指导和帮助变得至关重要。教师可以根据学生的具体情况，重复之前的一些教学活动，或组织新的活动来加深学生对语类结构、目的、语境的理解。例如，教师可以让学生重新讨论语类的特点，帮助学生更深入地理解如何将特定主题融入特定的语类模式中。教师应提供宏观和微观层面的指导。在宏观层面，教师可以指导学生理解不同语类结构的框架；在微观层面，教师可以提供关于词汇和语法特征的具体帮助，帮助学生更好地在语篇中运用这些语言特点。此外，如果学生的英语水平尚未达到书面表达的要求，教师可以先从口头语篇创作开始，具体方法是组织学生进行角色扮演等活动，这不仅能提高学生的语言运用能力，也是书面语篇创作的良好前期准备。

当学生通过几次草稿或合作语篇的创作后，能够较好地掌握语类结构和词汇语法特征时，教学便进入独立创作语篇的阶段。

2.独立创作语篇

在前期准备工作结束后，学生就要着手进行独立创作。因此，学生在进行独立创作语篇的阶段，应该对所选语类的结构、写作主题的特点以及必需的词汇和语法有充分的理解和掌握。教师在此阶段的角色发生转变，从最初的帮助者变成了点评者，负责指导和评价学生的独立创作。在独立创作语篇阶段，教师和学生应注意以下几点问题。

第一，学生需要独立地进行写作，而教师的工作是在必要的方面提供引导（如语法模式和框架结构的确认），确保学生在写作过程中能够有效地运用之前学习的内容，同时能独立思考和创作。

第二，学生结成对子，互相评价各自创作的语篇。

第三，当学生的语篇不符合要求时，教师应指导他们进行校改、整理或编辑，甚至在必要时重写。

第四，教师需要对学生的语言表达进行评价，重点关注拼写、语法、框架和主题等方面。

第四节　基于语料库语言学的高校英语教学

一、语料库语言学的内涵

语料库语言学是一门利用大规模语料库进行语言学研究的学科，其核心在于通过采集、存储、加工和统计分析自然语言文本，提供语言研究的客观证据，指导自然语言信息处理系统的开发。学术界对于语料库语言学的定位存在一定争议，但我们可将其归纳为两个层次的含义：第一，语料库语言学作为一种新的研究手段，其重点在于利用语料库这一工具，对语言的某个方面进行深入研究，这种方法的应用扩展了传统语言学研究的边界，使研究者能够基于大量的语言数据进行分析和解释；第二，语料库语言学属于一门新的学科，从这个意义上来看，它不再只是研究手段的改变，而是依据语料库反映出来的语言事实对现有语言学理论进行批判和革新，提出新的观点或理论，这一层次的研究虽然目前应用范围较小，成果数量有限，但却代表了语料库语言学未来的发展方向。

二、语料库语言学对于高校英语教学的重要意义

随着英语教学领域知识的不断拓展和深化，传统的教学模式已经难以满足学生对于语言深度理解和应用技巧的需求。在这种背景下，语料库语言学的引入为英语教育带来了新的生机。

语料库语言学通过提供大量真实、客观的语言资料，使英语学习过程更加接近真实语言使用环境。这种真实性的提升有助于学生在学习词汇、语法时，不再只是停留在背诵和记忆的层面，而是能够更深入地理解词语的用法和语境。学生能够通过语料库中的实例，有效地进行词义推测、词语搭配，从而在理解和使用英语方面达到更高水平。

语料库语言学在英语写作教学中的应用，对提高学生的写作水平具有显著作用。学生可以通过分析语料库中的文本样例，学习不同文体的写作技巧，理解各种语言表达的细微差别，进而在写作时能够更加自然地运用语言，提高写作质量和创造力。

语料库语言学的应用还有利于打破传统英语教学中学生的被动学习局面，激发学生的学习积极性和主动性。学生不再是被动接受知识的容器，而是成为主动探索和分析语言的主体。教师的角色也由单纯的知识传授者转变为引导者和协助者，能够帮助学生更有效地接触和分析大量真实语料，解决学习过程中遇到的问题。

三、语料库语言学与高校英语教学之间的主要关系

语料库语言学与高校英语教育可以视为相辅相成的两个体系。语料库语言学作为一种理论体系，提供了丰富的语言数据和分析方法，从而为高校英

语教学提供了坚实的理论支持，使高校英语教学能够在教学内容和方法上更加丰富和先进，为学生提供更全面、更真实的语言学习体验。另一方面，高校英语教学作为实践应用体系，通过教学实践，能够及时发现和解决教学过程中遇到的问题。这些实践经验反过来又可以丰富和完善语料库的内容，推动语料库语言学的发展。在这个互动过程中，高校英语教学不仅能够利用语料库语言学的理论成果来提高教学质量，还能够为语料库语言学提供实践验证和发展动力。具体来说，两者之间的关系主要体现在以下方面。

（一）正向关联

语料库语言学的创建旨在提升英语体系建设，为英语学习者打下坚实的基础。通过运用语料库语言学的理论和方法，高校英语教学可以实现更规范化、系统化的发展，形成一个更加有效和全面的教育体系。

（二）主次关系

在具体教学环节，不同的教学任务都要得到有效明确。与语料库语言学相比，高校英语教育更注重英语词汇的掌握和应用以及语言文化的交流，同时强调语言应用技巧的把握。而语料库语言学在实际的应用过程中，更加侧重理论和体系的建设，专注于词汇使用特性和语法规律的深入分析。大量真实语料的研究为语言学的理论发展提供了坚实的基础。因此，英语教学是全面的英语知识学习，而语料库语言学更专注于某个语言领域的深层研究，两者在教学中要分清学习目标，确定主要学习方向，进行有效的相互补充。

四、语料库语言学在高校英语教学中的应用策略

（一）词汇分类

在高校英语教学中，学生面临的一个主要挑战是应对庞大的词汇量及其应用。学生常常在词义理解、词语辨识方面感到困难，特别是在遇到相似句式或不同词汇所表达的真实词义时，往往存在理解上的困难。在这种情况下，语料库语言学的应用极为关键。语料库语言学的方法可以将相关的词汇

和词组构建成一个有机的体系，依托大量真实语言数据，通过对比分析的方式，使学生能够更深入地理解不同词汇之间的细微差别和内在联系。这种教学方法有助于学生更准确地把握词汇的内涵和应用规则，加强对词汇的分类和记忆，从而提高学生的语言运用能力。特别是在对比教学中，学生通过分析和比较不同词汇在真实语境中的使用，能够更清楚地看到各个词汇的特点和用法。这种基于语料库的教学不仅提高了词汇教学的效率，还增强了学生在实际语言使用中的灵活性和准确性。

（二）写作和语言分析过程中应用语料库语言

在高校英语写作教学中，语料库语言学的应用极大地丰富了教学内容和方法。通过利用语料库中的丰富资源，教师可以有效引导学生在写作过程中更好地掌握和应用英语写作词汇，确保作品更加符合真实的英语语境，从而提高写作质量。具体来说，教师可以将语料库中的内容转化为具体的学习任务，引导学生通过网络资源对相关资料进行深入查找。这种查找不只是收集资料，更重要的是让学生对收集到的词汇使用特点进行分析和应用，理解其内在规律。这个过程中，学生不仅积累了丰富的词汇，还提升了对语言的敏感度和分析能力。

此外，教师可以根据语料库的分析结果设计相关的写作题目。在这个过程中，学生需要在掌握的规律性词组和词汇中选择合适的表达方式来组织自己的写作内容。这样的实践不仅锻炼了学生的语言组织能力，还提高了学生的创造性思维。通过这种方式，语料库语言学不仅作为一个理论工具被应用于教学过程中，还通过实际的写作练习促进了学生语言能力的全面发展。学生在分析、选择和应用词汇的过程中，不仅优化了自己的英语写作语言，还显著提升了自己的语言分析能力和应用能力，使英语写作教学的效果更加显著。

（三）教学大纲设计

语料库语言学中的频率分布和语域信息等元素，为高校英语教育提供了宝贵的指导，可以帮助教师在课程计划的选择和制定过程中做出更为科学和合理的决策。在设计教学大纲时，教师能够根据语料库提供的数据（如词汇和结构的使用频率、不同语境下的语言特征），将这些实际的语言使用情况融入课堂教学内容中。这样一来，制定出来的教学大纲不仅科学、实用，还更加贴近真实的语言使用环境，有助于提升学生的英语语言能力，并使学生能够更好地适应实际交际需求。

（四）教材内容选择和编写

在高校英语教学中，教材的选取和编写是非常重要的环节。语料库语言学的融入，为这一过程提供了科学和实用的指导。通过引入语料库语言学，教材编写者可以确保教材中的单词在适当的间隔内有充分的重复，这有助于学生更有效地记忆和应用这些单词。利用语料库的相关软件和工具，教材编写者可以在大量真实的语言案例基础上，设计更具实践性的教学内容。这种基于真实语言使用情况的教材设计，不仅使教材内容更加贴近学生未来可能遇到的实际语言环境，还提高了学生发现和理解语言特点的能力，增强了他们的实际应用技能。通过语料库语言学的应用，教材内容更加生动、实用，使学生在学习过程中不仅能够掌握必要的语言知识，还能够充分体会到语言的实际应用场景，为其未来的学习和实际应用打下坚实的基础。

（五）课堂教学活动

在传统的高校英语教学模式中，学生常常处于较为被动的学习状态。然而，通过有效地应用语料库语言学，这一局面有望得到有效改善。语料库语言学的引入使学生能够使用专门的语言分析和检索工具，对特定词汇的应用规律进行深入探索。在这个过程中，教师的角色转变为引导者，不仅要激发学生的主动学习意识，还要培养学生的自学能力。

通过亲身体验和自主探究，学生可以在实际的语言应用中获得直观感受，形成以学生为中心的探究式学习模式。这种学习方式不仅提高了学生对语言的兴趣和参与度，还使他们能够更深刻地理解语言的应用规律。学生在这个过程中不仅学会了如何总结和归纳语言知识，还学会了记录和分析自己的语言行为方式。

第四章　提质增效：多模态理论下高校英语教学的发展

第一节　多模态相关概念界定

一、模态与多模态

模态是指事物通过一定模式、方式或形式所表现的属性或情形。从信息交流的角度看，模态不仅是媒体传达信息的结果，还是接收者通过感官感知和理解这些信息的过程。[①] 模态的概念分为宏观和微观两个方面：宏观上，模态以感知通道为标准，指的是信息受体通过感官对交流模式的感知形态；微观上，模态则是具有意义潜势的符号资源，是媒体通过交流模式表达信息的结果。

多模态是一个关于信息传达和交流的综合概念，指的是通过整合、编排或编织多种不同的符号资源来形成一个完整的语篇。这种整合不仅包括文本和图像，还可能包括声音、手势、空间布局等多种符号形式。从感知通道的

[①] 席娟芳. 多模态教学模式下的大学英语视听说教学对策探析 [J]. 创新创业理论研究与实践，2023，6(19)：153-155.

角度来看，多模态涉及同时使用两种或更多种的模态，以实现更为全面和深入的信息传递。例如，学生在课堂上的学习体验就是一个典型的多模态交流过程。学生通过听觉模态听教师讲解，同时通过视觉模态观察教师的动作演示和黑板上的板书。这种多模态的学习方式使信息的接收更为丰富和有效。值得注意的是，某些情况虽然只涉及一个感知模态，但仍然可以被视为多模态。例如，报纸报道虽然主要通过视觉模态接收，但它整合了多种符号系统（如特定的版式、色彩、字体、图片和文字），这种结合使报纸成为一种多模态的表达形式。多模态的核心在于如何通过不同的符号系统和感知方式之间的相互作用，来增强信息的表达和接收效果。在日常生活中，人们经常无意识地通过多模态方式进行交流，如在社交媒体上，人们不仅阅读文字，还会观看图片、视频，甚至通过表情符号来表达情感。

二、多模态与多媒体

在现代教育理论中，多模态（multimodality）与多媒体（multimedia）这两个概念常被混淆或等同使用，但它们实际上具有既相似又不同的特点。多模态教学强调的是信息传递的多种模式，如文字、声音、图像等不同方式的结合；多媒体教学则侧重于使用多种技术手段（如视频、音频、计算机软件）来传递信息。在多模态教学中，重点在于如何有效结合不同的表达模式来提高教学效果，如在教授英语时，教师可以同时利用文字、图片、声音和互动活动，使学习更为全面和深入，这种教学方法不仅能够吸引学生的注意力，还能帮助他们从多个角度理解和掌握知识。多媒体教学则主要关注技术的应用，如教师可使用视频播放器、电脑和互联网等工具来展示教学内容，这种教学方式可以使学习更为生动和直观，尤其是在展示复杂概念或过程时更为有效。尽管两者有所区别，但在实际教学中，多模态和多媒体往往是相辅相成的。例如，一个多模态的英语教学项目可能会通过多媒体技术（如视频和在线互动软件）来实现。因此，教师在教学中需要了解这两种方法的特点，并根据教学内容和目标，恰当地结合并使用它们，从而提高教学质量和学习效果。

三、多模态话语

多模态话语是指通过调动多种因素（如视觉、听觉和触觉），以文字、画面、音响等符号资源为媒介，进行的现代交际过程。这种交际方式反映了从传统的静态、平面式交流向动态、立体式交流的转变。多模态因素主要包括五种成分，如表4-1所示，这些成分不仅是现代化的信息传输媒体，还是现代人们的识读客体。

表4-1 多模态因素的主要成分

成分名称	举例
语言成分	词汇、隐喻、结构、情态
视觉成分	颜色、视觉、矢量、前景、背景
听觉成分	嗓音、音乐、音响效果
姿态成分	行为、感受、身体控制、情感、动作
空间成分	生态空间、几何空间、建筑空间

四、媒体、模式、模态之间的关联

媒体、模式和模态之间的关系既复杂又密切，三者在交流过程中相互作用、相互转化，共同构成了交流的工具、渠道和结果。这三者在特定的语境下具有不同的功能和意义，有时一个元素可以同时扮演多个角色。以课堂教学为例，教师使用口头语言、书面文字、电子媒介和身体动作等不同的交流模式来组织教学内容，这些模式不仅是信息传达的媒介，还是交流的方式。学生则通过听觉、视觉和动觉等模态来接收和处理这些信息，这些模态反映了他们通过特定感官渠道对信息的理解和反应。从社会符号学的角度来看，课堂交流中涉及的模态还包括语言（文字）、言语（声音）、副语言和肢体动作等，这些模态不仅单独存在，还相互影响，共同构成了一个多维度的交流环境。在课堂上，学生不仅是信息的接收者，还是信息传递的主体，他们通过多种媒体手段和交流渠道（如口头、书面、电子设备和身体动作）进行信息的反馈和互动。例如，学生在听讲时通过听觉模态接收教师的言语信息，书写则是他们对所听内容的再次表达，属于一种交流模式。在这种互动过程中，教师和学生所采用的媒体、模式和模态的种类及比例，不仅揭示了课堂话语的结构，还反映了教学模式、方法和教学效果。课堂上的这种动态互动，显示了多模态交流的重要性。通过综合运用各种模式和模态，教师和学生能够更加有效地进行沟通和理解。因此，课堂交流的多模态性不仅增强了教学的互动性，还提升了信息传递的效率和质量。

第二节　多模态课堂教学原则

多模态课堂教学是一种适应现代教育需求的教学方法，通过整合多种教学媒介和策略，旨在创造一个更加高效、互动和包容的学习环境。多模态课堂教学的开展应遵循以下原则，如图 4-1 所示。

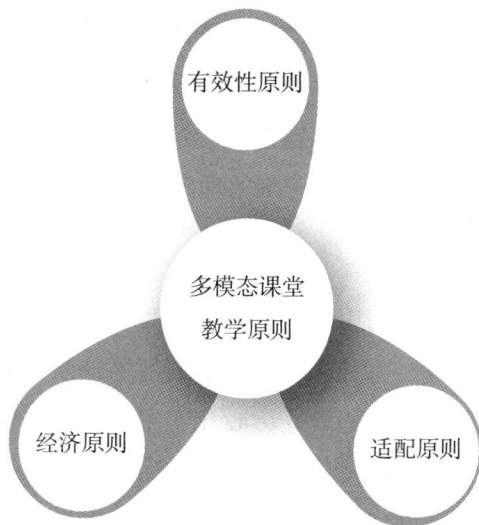

图 4-1　多模态课堂教学原则

一、有效性原则

有效性原则强调在选择和应用各种模态时必须以取得良好教学效果为前提。这意味着教师在设计和实施教学策略时，需要综合考虑不同模态的特点及其对学习效果的影响。有效的多模态教学能够显著增强学生的记忆和理解，促进深入学习。然而，并非所有模态的结合都是有效的。如果所选模态或其组合未能考虑到学习效果，反而分散了学生的注意力，那么这种模态的使用就是无效的，甚至可能产生负面效应。因此，在多模态教学中，教师需要精心选择和安排模态，确保每种模态的使用都能促进学生的学习和理解，而不是单纯追求形式上的多样性。有效原则可分成以下两个原则。

（一）工具原则

多媒体技术的使用可以为教师和学生创造出真实度非常高的语境。教师利用在真实交际场景下拍摄的视频作为学习材料，能够使学生直观地理解和感受实际语境中的情况，从而获得具体且生动的语境知识。这种方法不仅增强了学习的真实感，还提高了学生对语言实际运用环境的认识。教师还可以利用网络视频功能，创造机会让学生与以英语为母语的同龄人进行在线交流和沟通。这种直接的交流体验能够极大地提升学生的语言实际应用能力，同时增加了学习的趣味性和互动性。通过观看真实语境的图片或阅读相关文字材料，学生还可以对交际环境有更深刻的理解。

（二）引发原则

引发原则强调在教学中利用现代技术和创新手段激发学生的内在学习动力。通过提供新颖的图片、特殊物品、有趣的简笔画或艺术字等，教师能有效吸引学生的注意力，激发他们的好奇心和学习兴趣。这种方法能够将外部刺激转化为学生的内在动机，使他们更积极主动地参与到教学活动中。引发原则的应用不仅增加了课堂的互动性和趣味性，还促进了学生的积极参与和深度学习。

二、适配原则

在对不同的模态进行选择时，教师要充分考虑两种或者多种不同模态相互之间的配合程度，以便找寻出最好的搭配方式。适配原则主要包括以下几种。

（一）抽象具体原则

在英语教学中，尤其是在处理抽象或复杂的概念时，教师可以采用多种教学方法来帮助学生更好地理解内容。以语音教学为例，语音符号的发音规则对学生而言可能是抽象且难以掌握的。为了解决这一问题，教师可以结合语音、口型演示和实际发音来教授。通过这种方式，原本抽象的发音方法变得更加具体、形象和直观，不仅可以帮助学生清晰地理解发音规则，还增加了教学的互动性和趣味性。学生通过观察教师的口型和听取发音示例，能更准确地模仿和练习，从而有效地掌握语音知识。

（二）强化原则

强化原则在多模态教学中扮演着重要角色，指的是通过使用多种模态资源来增强学生对语言知识的理解和记忆。例如，在介绍文化背景时，除了传统的口头讲解，教师还可以利用 PPT 和影视资料等多种媒介，将文字和口头描述与视觉元素（如图片和电影）相结合，使学生对语言和文化的理解更为全面和深入，同时提高学习的趣味性和互动性。

（三）协调原则

协调原则在多模态教学中强调了模态间的平衡与协同作用，主张在教学过程中，应根据教学需求合理选择和运用不同模态，以恢复和增强人类社会交流的本质。协调原则强调模态之间的协调性，而非单一模态的过度使用。在实际应用中，教师需要综合考虑各种模态的特点和效果，确保不同模态在教学中的相互补充和有效结合。例如，当某一模态无法完全满足交流需求时，其他模态可以适时介入，以提高信息传递的效率和质量，这种方法避免了模态间的相互排斥或重复，而是通过各模态的相互融合和协调操作，形成一个更加高效和全面的教学体验。因此，协调原则不仅促进了不同模态之间的和谐运作，还提高了教学内容的可接受性和理解度。

（四）前景背景原则

前景背景原则在外语教学中体现了语言交流与其他模态之间的重要关系。这一原则指出，在语言学习中，语言交流本身是最主要的模态，即前景，其他模态则作为辅助背景来支持语言学习。这种区分有助于明确教学重点和辅助内容，从而提高教学效果。以英语视听口语课程为例，当教师以播放电影作为教学手段时，电影本身并非教学的主要内容，而是用于提供背景、环境和语境支持，电影中的背景、人物、情节介绍以及电影讨论等元素成为前景，是课程的核心部分，这些元素不仅丰富了学生的学习体验，还为语言交流提供了实际和具体的语境。

三、经济原则

经济原则主张教师在选择教学模态时，既要考虑到模态的教学效果，又要考虑其操作的简便性和成本效益。在现代教学环境中，多媒体技术的运用已成为普遍现象。尽管这些技术设备可能价格昂贵且操作复杂，但在提升教学效率和效果方面的贡献是显著的。根据经济原则，教师在选择这些高科技教学工具时，应当综合考虑其必要性和实用性，确保所选模态既能有效传递教学内容，又能简化教学流程，提高教学效率。教师也应考虑使用更传统、更简单的教学媒介，如图片、贴画、彩卡等。这些传统媒介虽然简单，但同样能有效地丰富教学内容，增强学生的学习体验。通过将现代多媒体技术与传统教学媒介相结合，教师不仅能遵循经济原则，还能创造一个更加多元化和动态的教学环境。因此，遵循经济原则的教学模态选择要求教师在保证教学质量的前提下，尽可能简化教学工具和方法，以实现成本效益最大化。这种平衡的选择不仅有利于提高教学效果，还有助于促进学生的学习兴趣和参与度。

第三节　多模态理论下高校英语教学模式的构建

一、多模态理论下高校英语传统教学模式的创新

（一）更新教学内容

多模态理论下，高校英语教学内容也应该进行创新，具体可以从以下四方面入手，如图 4-2 所示。

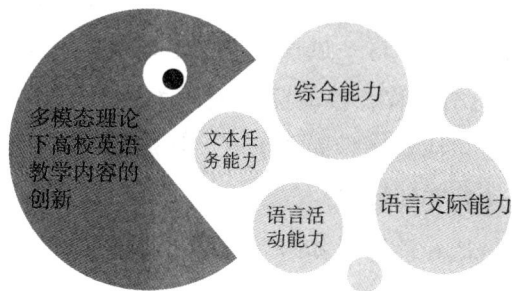

图 4-2　多模态理论下高校英语教学内容的创新

1.综合能力

学生的个人综合能力不仅涵盖了知识和技能，还包括精神境界和学习能力等方面。

知识既包括通过正规教育获得的学院知识，也包括通过社会实践获得的经验性知识。学院知识是通过正规的、系统的语言训练长期积累而成的；经验性知识则与语言和社会文化的直接交互相关，是通过日常生活中的实际应用和社会互动而获得的。这两种知识类型在语言习得过程中互相补充，共同构成了学生的知识基础。无论是经验性知识还是学院知识，跨文化能力都

是语言知识积累的重要组成，因为新的语言知识的习得与重组不是简单的累加，而是融入的过程。在英语教学中，这种"融入式"的教学方法尤为关键，可以帮助学生深入理解外部世界，并通过融入不同的语言环境来习得语言知识。

技能属于程序性知识，程序性知识建构于各个零散的"知识点"之上。以钢琴演奏为例，学生在初级阶段需要从基础的乐理知识和单一的音符开始，逐步分解和练习复杂的音节，将这些知识点转化为有意识的连贯动作。随着练习的积累，基本的演奏技能逐渐变得自动化，学生即使不看琴键也能流畅演奏。类似地，在英语学习中，学生也需要从基础的语法规则、词汇开始，逐步构建语言知识的体系。在初学阶段，学生通常需要有意识地思考和应用这些规则。但随着实践和应用的增多，这些知识和技能逐渐内化，成为自然流畅的语言使用。钢琴演奏和英语学习虽然是不同的活动，但它们在技能习得的本质上却有共同之处，两者都涉及将分散的知识点通过练习和应用，转化为自动化的技能。这一过程要求学生在初期阶段投入大量的注意力和精力，但随着时间的推移，技能会逐渐成为自然的和无须刻意思考的行为。因此，无论是音乐演奏还是语言学习，技能的习得都是一个由有意识的努力向无意识的熟练转变的过程。

学生的个性、言谈和性情对其语言习得过程能够产生显著影响，这些因素既能促进也能阻碍学习进程。因此，在英语教学和评估框架中，对学生的精神境界进行研究是至关重要的。虽然精神境界难以用定量方式界定，但我们可以从定性角度进行观察和分析。性情、个性和言谈是个人综合能力的重要组成部分，不仅反映了一个人作为社会成员的基本素养，还是语言学习过程中不可忽视的关键因素。学习语言不仅是获取语言知识的过程，还是个人社会认知和综合素质发展的过程。通过学习第二语言，学生不仅能提升语言能力，还能在情感、性格和沟通方式等方面获得成长。此外，每个人的精神境界都不可避免地受其社会文化背景的影响。在学习第二语言时，学生的文化背景和感情投入在跨文化语言习得中发挥着至关重要的作用。跨文化的语言学习不仅是语言知识的积累，还是一种文化和思维方式的融合与交流。因此，对学生的精神境界、情感态度和社会文化背景的理解，对于促进有效的语言学习和个人全面发展至关重要。

学习能力包括情境学习能力和自主学习能力。学生需从个人实际情况出发，将其精神境界与学习中的知识和技能相融合。这要求学生根据不同的学习环境和内容，进行合理的配比和重组，确保知识、技能和精神境界的均衡发展。

2. 语言交际能力

语言交际能力是由语言结构能力、语言社会能力和语言语用能力共同构成的。语言结构能力关注语言的内部结构，包括语音、语法、词法和句法等基本要素。这些要素构成了语言使用和传承的基础，是独立于语言社会演变的纯语言要素。在语言学习中，学生通过辨音、习得词汇和运用语法等多维度活动来积累语言能力，逐渐实现对语言的熟练掌握。学生在词汇习得和记忆方法上的差异与其社会文化背景密切相关，语言的社会文化因素在语言学习中极其重要。跨文化语言学习不仅要求学生掌握语言的结构知识，还要求其理解和适应不同文化背景下的语言使用。此外，学生的母语背景在英语交际过程中也扮演着重要角色，学生在使用英语时，会受到母语的文化影响，这种影响在交际中常常不被学生意识到。因此，对语言社会能力的理解和习得对于有效的跨文化交际至关重要。学生不仅需要关注语言的结构性知识，还要积极探索和适应语言在不同社会文化背景下的应用，以实现真正有效的跨文化交际能力。语言语用能力是人们使用语言进行有效沟通的能力，关注的是语言在具体社会交际情境中的恰当使用。这一能力不仅包括对语言文字的理解和产出，还包括理解和运用语境中的非语言线索，如肢体语言、面部表情、语调。

3. 语言活动能力

语言使用主体通过输入、输出、互动及中介进行语言活动。输入和输出是语言活动的两个关键环节。输入性语言活动（如听和读）是获取语言信息的基本方式，在语言习得过程中扮演着核心角色，通过这些活动，学生能够接收并理解外界信息，为语言学习奠定基础。而输出性语言活动（包括说、写和译）是学生表达和传递信息的方式，这些活动不仅检验了学生对输入信息的理解和内化程度，还促进了其语言能力的实际应用和发展。

4. 文本任务能力

本文任务要求学生通过完成既定任务来完成交流与学习，而在这一学习策略的实施过程中，语言是活动的中介，发挥着学习与交流的主导作用。学生需要运用一定的认知来完成上述策略，并通过输入活动及笔头文本来实现。

（二）优化教学方法

在教育过程中，学生主动探究式学习的效果往往优于教师强制执行的探究学习。优质的学习情景设计是提升探究式学习效果的关键途径，能激发学生的兴趣和参与度。为了实现有效的探究式学习，学生需要有明确的学习目标。教师在设计课程时，应从学生当前的认知水平出发，制定既切合实际又富有挑战性的短期和长期学习计划，确保探究式学习活动既有目的性又有系统性，避免学习过程中的随意性、盲目性和低效性。有效的探究式学习还需要教师为学生提供充足的时间和空间，创造一个开放和支持性的学习环境。通过有效的师生、生生互动，学生不仅能够掌握必要的科学和人文知识，还能形成关键技能，积累宝贵的认知经验，掌握解决问题的方法，为自己的终身学习和个人成长奠定坚实基础。因此，主动探究式学习方法是一种全面且有效的教育方法，能够促进学生主动学习和全面发展。

（三）完善教学手段

"讲授"是最基本的教学方法，延续至今，适于内外。随着时代的发展和科技的进步，学生的思维能力和视野得到了显著提升，单纯依靠"讲授"法已难以满足现代教育的需求。为了更好地培养学生的批判性思维和将理论与实践相结合的能力，教学手段必须进行创新和多元化。多模态话语语境的引入为现代教学提供了新的视角。教师可以利用各种多模态资源（如视觉、听觉、触觉等）构建更为丰富和有效的教学模式，增加教学的趣味性和互动性，提高学生的学习效率和深度。因此，在教学设计的过程中，考虑多模态教学元素至关重要。教学目标、内容、方法及手段应充分反映多模态特性，以激发学生的求知欲并满足其对知识的心理期待。构建包括声音、图像、图形、实物和触感等多维度教学元素的教学模式，能够有效促进学生在各种真实、半真实或虚拟情景下的语言认识和习得。

随着交流空间的扩大，人际沟通方式经历了显著的变革。在单模态时代，交流手段通常局限于文字、图像或声音中的某一种。然而，多模态话语语境的出现推动了沟通方式的多元化，促进了图像、文字、声音等多种交流渠道的综合运用。这种多模态交流实际上是对早期人类沟通模式的一种回归。多模态话语语境理论的颠覆性成果不仅展现了人际沟通需求的本质，还印证了"媒介是人感官的延伸"这一理论。这种综合不同感官交流方式的模式，更符合人类自然的交流习惯，使信息传达更为全面和有效。

从教材的角度讲，如何开发、建设多模态教材是大学英语多模态教学模式的第一步。教材的编写者需要深入理解多模态话语的理论与实践，这不仅要对多模态话语的概念、应用和效果有深刻的认识，还需要将这些理论知识转化为实际的教学内容。在编写多模态教材的过程中，教材编写者可以借鉴国内外知名大学的语言课程教材编写经验，结合多模态理论和立体教材的理念，创造适合本校特色的教材。这样的教材不仅能够丰富教学内容，还能为学生提供更多元、更直观的学习体验。多模态教材的编写需要跨学科的知识整合（如结合语言学、心理学、文化学等领域的理论），以更全面地满足学生的学习需求。

二、多模态理论下"3-Class"教学模式的构建

高校英语课程作为高校教学的重要组成部分，对提升高等教育的整体质量具有直接影响。随着政府对教育资源投入的增加，多媒体辅助教学在高校英语课程中得到了广泛应用，推动了教学方法的创新和发展。这种多媒体教学方式，以其图文并茂、声像互衬的特点，为学生提供了丰富多彩的语言学

习环境。在我国的教育体系中，普通高等院校将大学英语列为必修课程，学生完成基础课程并修满学分即可通过。然而，学生尽管可以修满学分，但对英语的掌握和应用能力可能未达到预期目标。为避免这一问题的发生，学校可以尝试"3-Class"英语教学模式。

"3-Class"教学模式由三个重要阶段组成：Before-class、In-class 和 After-class。在 Before-class 阶段（课前准备阶段），教师需对授课内容进行精心准备，特别是针对教学重点和难点内容，应将其作为学生的预习任务。学生则需要认真预习，高标准、高质量地完成预习任务，为课堂学习打下坚实的基础。进入 In-class 阶段（教师授课阶段），教师向已经做好课前预习的学生讲授单元知识，帮助学生更深入地理解和掌握所学内容。这一阶段是"3-Class"教学模式的核心，要求教师做到充分备课、熟练精讲并且精神饱满，以求取得实际的教学效果。在 After-class 阶段，教师需要根据本单元所学内容为学生提供课后拓展资料，并对学生的课后学习情况进行跟踪、指导和评价。这一阶段的主要目的是加强学生对课堂知识的消化、吸收和应用。

"3-Class"教学模式的特点在于其新颖的形式和强烈的互动性，它改变了传统的教学模式，使学习过程更加生动、有效。"3-Class"教学模式中的课件内容既源自教材又超越教材，它运用现代高科技手段，分单元进行设计，创造了一种全新的、形式多样的教学模式。"3-Class"教学模式在设计上巧妙地融合了多种教学方法（如任务型教学、情景模拟等），还增设了模仿、猜谜、连线等互动环节，使学生在学习过程中的互动效果显著提升。"3-Class"教学模式中的课件具有强大的包容性和丰富的内容，其运行流畅，无"死机""卡顿"或"缓慢"等问题，操作也快捷简便，为学生提供了顺畅的学习体验。

三、多模态理论下体验式英语教学模式的构建

（一）体验式英语教学模式的概念

体验式英语教学模式以学生为中心，通过实际体验的方式来深化语言学习。在体验式教学中，学生的学习不再局限于课本和理论，而是通过课前的

精心设计、课堂上的真实情境体验和课后的指导练习，将英语学习与现实生活紧密结合。这种教学方式强调学生在学习过程中的主动参与和体验，从而更好地理解和掌握英语。体验式教学模式的核心在于让学生在真实的语境中使用英语，如角色扮演、情景对话和项目实践等活动能够帮助学生将所学知识应用于实际情境，增强了学习的实践性和应用性。

（二）体验式英语教学模式的基础

体验式教学模式是一种以学生为中心的教育方法，扩展了传统认知学习过程中的观察、聆听和接触环节，增加了自主体验的重要部分。体验式教学通过实际体验来提升学生的学习主动性，使学生能够更深入地理解和掌握知识。例如，在体验式英语教学中，学生不再是被动地接受知识，而是通过实际的语言使用场景来学习，如通过角色扮演、模拟对话等方式来实际应用英语，从而更好地理解语言的使用环境和文化背景。为了有效实施这种教学模式，教师需要提供一个适合学生体验的教学环境。现代的计算机和网络信息技术在这方面发挥了重要作用，不仅弥补了传统教育方法的不足，还为体验式教学提供了必要的技术支持。信息技术所提供的多模态模式，有利于激发学生的学习热情，它创设的直观环境有利于增进学生的学习兴趣，丰富的教学资源（如网络课件、互动软件等）极大地拓宽了学生的知识面和视野。

与传统的教育方法相比，体验式教学模式在教学方法上做出了根本性的改变。它由过去单一的以"教"为中心转变为以"学"为中心，重视学生的主动学习和实际体验。在这种模式下，学生通过完成特定的任务、扮演不同的角色、参与交际交流等活动，不仅在情感上获得体验，还在角色扮演中实践并提升了英语能力。

（三）体验式英语教学模式的优势

体验式教学模式在现代高校英语教学中展现出独特优势，它通过真情实景的模拟和具体的语言应用环境，使学生不仅能理解和掌握语言知识，还能学会如何在实际中运用这些知识。这种教学方式的核心在于以实际应用为原则，体现了当代英语教学的新思路和方向，值得在教育领域大力推广。

体验式教学与传统的"讲解—复习—运用"模式教学相比,更注重学生的自主学习和实际体验。在体验式教学中,教师根据教学目标和任务要求设计丰富多彩的活动,包括游戏、互动、交流、辩论、角色扮演和情境表演等,这些活动能够提供多种体验和感受,激发学生的参与意识,培养积极主动的学习心态。

体验式教学模式是当代教育改革中的一项重要创新。这种教学模式不仅适应了高校英语教学的需求,还与高校英语教学的总体目标和培养大学生的根本目的完美契合,可以有效提升学生的学习主动性和教师在课程开发与设计上的积极性。通过这种教学模式,学生不仅能够更加深入地理解和掌握英语知识,还能提升自己的实际应用能力。

(四)体验式英语教学模式的教学方法

在体验式英语教学模式的具体应用中,学校和教师应注意加强以下几方面工作。

第一,教师在课前需要做大量准备工作,收集与课程相关的语言、文字、故事、地理等各种素材,并将这些素材通过多媒体课件的形式展现出来。

第二,在课堂上,教师应扮演引导者的角色,充分调动学生的积极性。教师可通过创设生动的情境,让学生深入体验每个角色,同时进行有针对性的点评,帮助学生把握重点,提高学习效果。

第三,课后练习的安排同样重要。教师应鼓励学生根据布置的任务并结合课堂体验的感受来完成相应的练习,这有助于巩固和提高所学知识和技能。

第四,现代计算机和网络信息技术的有效利用是体验式教学不可或缺的部分,特别是网络这一载体的运用,鼓励了教学形态的多模态化。在硬件建设方面,学校应搭建和完善信息网络平台,创设自主学习中心。在软件方面,学校应利用多媒体技术开发和制作大量高品质的学习资料,创造一个优美的网络自主学习环境,为学生利用信息技术学习提供便利,将学习延伸到课外。

第四节 多模态理论下高校英语教学评估体系的构建

一、高校英语多模态教学评估体系构建的标准

为保证评估的公正和公平，评估标准必须明确。在语言教学领域，形成性评估和终结性评估一样，要建立严格的评估标准。进行课堂评估不仅要考虑积极的教学反馈作用，还需确保评估的效度、信度和可行性。

效度是衡量评估是否准确反映了所需评估内容的关键标准，主要包括内容效度、结构效度、表面效度等。内容效度关注评估内容的充分性和代表性，确保评估内容能全面覆盖学习目标；结构效度涉及评估的理论基础，确保评估结构与语言教学的理论相契合；表面效度涉及评估的外在表现，包括评估的设计合理性、理论依据的正确性等。确保效度的关键在于采用外部、独立的标准进行验证，如通过将学生的实际表现与教师的评估结果进行比较或者长期观察学生的语言能力，来检验评估的准确性和适宜性。

信度涉及三个方面：评估本身的信度、评分信度以及学生在不同情况下的表现。评估信度的影响因素众多，包括评估形式的特点、题目难易度、评分的波动性以及学生的心理和生理状态变化。为了提高评估的信度，评估过程应在多个不同场合进行，以确保评估结果的稳定性，同时提供清晰明确的评估说明，帮助评分员和学生理解评估的目的和要求。采用多种评估方法并确保评估条件一致，可以减少非评估因素的干扰，提高评估的准确性。例如，除了笔试和口试，评估还可以结合学生的课堂表现、作业完成情况等多种形式进行。评估应由经验丰富、受过专业培训的评分员进行，并采用多

人独立评估等方法，以减少个人主观因素的影响，提高评估的一致性和客观性。

可行性也是评估过程中的一个重要考量因素。评估的设计和实施应在人力、物力和时间的允许范围内进行，确保评估的实际操作性。在大规模、标准化的考试中，评估对教学的反拨作用尤为重要，需要考虑评估如何有效促进教学质量的提升。

多模态教学并不是简单的技术堆砌，而是要求教师合理地结合不同的教学媒介和手段，以提高教学效果。教师在评估学生的学习情况时，需要采用多元化和科学化的评估工具和方法。评估内容和标准应该是多元和综合的，以全面反映学生的学习状况。这就要求评估方法不仅要符合评估内容的需要，还应注重形成性评估和终结性评估的结合。形成性评估关注学生学习过程中的进展和问题，终结性评估则关注学习结果。将定性评估和定量评估结合起来，可以更全面地了解学生的学习状况和成效。

二、高校英语多模态教学评估体系构建的内容

英语教学评估内容取决于培养目标，即培养学生的英语综合应用能力，特别是听说能力的提高，这对于学生在未来的工作和社交中进行有效的口头和书面信息交流至关重要。不仅如此，评估还应包括学生综合文化素养和自主学习能力的提升。这些素养和能力的培养不仅对学生个人的全面发展至关重要，还是他们适应我国经济发展和参与国际交流所必需的。基于此，多模态高校英语教学要从以下三个方面对学生进行评估。

一是语言综合运用能力，包括听、说、读、写、译五种基本技能，每项技能又细分为多个微技能，以全面评价学生的语言掌握水平。

二是学习的方法和步骤以及学习策略的掌握情况，包括对学生的观察能力、提问能力、根据问题进行猜想和假设的能力、信息收集与处理能力以及交流与合作能力进行综合评估，这些能力的评估有助于了解学生的学习效率和解决问题的能力。

三是对情感态度的评估。与对知识和技能的直接评估不同，对情感态度

的评估更多依赖于一些可观察的行为指标，通过这些指标间接推断和度量学生的情感态度。例如，教师可以通过观察学生的课堂参与度、团队互动以及对学习任务的态度来评估其对英语学习的兴趣和动机。

三、高校英语多模态教学评估的方法

鉴于评估内容和标准的多元性和综合性，评估工具和方法应注重多样化和科学性，特别是形成性评估的作用不容忽视，它关注的是学生学习过程中的进步和问题。为了全面而有效地反映学生的学习状况，并最大化地发挥评估体系在教学中的作用，教师应将形成性评估与终结性评估相结合，同时融合定性评估和定量评估，进而更全面地捕捉学生在多模态教学环境下的学习进展，有效指导教学策略的调整和优化。高校英语多模态教学评估的方法主要包括以下几种，如图 4-3 所示。

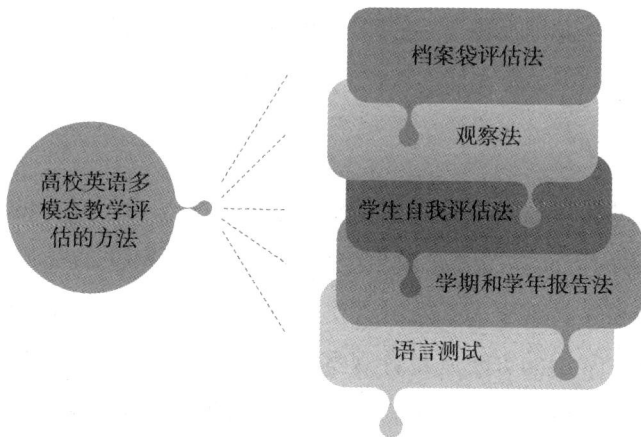

图 4-3 高校英语多模态教学评估的方法

（一）档案袋评估法

建立学生的学习档案是形成性评估的重要方法。学生在教师的指导下主动编制档案袋，不仅是一个展示学生学习成果的机会，还是一个自我反思和评价的过程。学生在选择档案袋内容时扮演着积极的参与者和决策者的角色，教师则是他们的指导者和激励者。通过将档案评估法融入日常教学活

动，教师可以更有效地将课程内容和教学方法与评估紧密结合，从而提高教学质量，同时促进学生的全面发展。

档案袋作为评估学生学习的工具，相较于标准化考试，能够提供更为丰富和多维的信息。档案袋不仅能记录学生在批判性思维、创造性思维和问题解决能力培养过程中的表现，还能记录在小组报告、参与讨论、口头交流等活动中的表现。档案袋评估方式显示出评定学习过程的连续性和民主性，并为学生的进步提供了直观的证据。档案袋评估法特别适用于那些数字成绩无法全面反映学生学习成果的情况，能作为补充标准化考试的重要评定依据。然而，档案袋评估也存在一定的局限性，尤其是在评估档案质量时，难以确定统一的标准，可能导致评估结果具有较强的主观性和不公正。因此，档案袋评估虽然是一种非常有价值的评估工具，但不宜单独使用。为了实现更加全面和客观的评估效果，档案袋评估应与标准化考试等其他评估形式结合起来使用，从而更全面地反映学生的学习状态和进步，同时增强评估的公正性和准确性。

（二）观察法

观察法通过有目的、有计划地观察学生在日常学习活动中的表现并记录下来，能够对学生的学习情况做出全面的评估。观察法的类型包括自然观察、选择观察和实验观察等，每种方法都有其独特的应用场景和优势。在记录观察结果时，常用的方法是设计观察表格。这些表格既可以是学生个体使用的自我检查表，也可以是记录整个班级表现的记录表。观察项目通常会预先设计在表格中，以便于系统地收集和分析信息。有时观察项目也可以根据实际情况灵活选择和调整。为了帮助学生及时了解自己的学习进步和需要改进的方面，这些观察记录通常会与学生的个人学习档案一起保存。观察法通过持续、细致的记录和反馈机制，能够有效地促进学生的主动学习和全面发展。

在设计课堂观察时，高校英语教师需要考虑七个关键事项，以确保观察的有效性和公正性：第一，明确观察的目的是什么，这将指导整个观察过程的焦点；第二，确定观察教学的哪些具体方面，这些方面应与观察目的紧密相关；第三，确定是观察单个学生、一组学生还是整个班级，这取决于观察目的和实际教学情况；第四，需选择是在日常教学活动中进行观察，还是针对特定的某个活动；第五，确定观察是一次性的还是重复性的，重复性的观察有助于更全面地了解学生的学习情况；第六，考虑是否将观察与学生的其他课程内容和课外学习活动相结合，这可以提供更全面的学习情景；第七，关注如何记录观察所得到的结果。通过这些细致入微的准备和规划，高校英语教师可以通过观察法进行更加精准和公正的教学评估，从而更有效地指导学生的学习并提升教学质量。

（三）学生自我评估法

培养学生的自主学习能力逐渐成为教育界的共识。为此，学生自我评估应被视为教学评估体系中不可或缺的一部分。教师需引导学生采用有效方法记录自己的进步、成就和不足，使其成为学习过程的有机组成部分。通过自我评估，学生不仅能够更清晰地认识学习目标，还能自主调控学习进程，从而增强学习的信心和责任感。自我评估作为学习过程中的一个重要环节，包含了学习的各个方面，如学习过程、方法、态度、努力程度、学习结果以及个人的长处和不足等。教师可以通过制定自我评估表来引导学生进行自我评估，帮助他们更全面地反思和评价自己的学习。自我评估的客观性和准确性一直是教育研究者关注的问题。由于自我评估受到个人认知水平和主观感受的影响，其结果可能存在一定的局限性。为了克服这一局限性，教师的引导变得尤为重要。教师不仅需要教会学生如何进行自我评估，还要帮助他们理解评估的目的和方法，使学生的自我评估能力不断发展和成熟。此外，为了提高评估结果的有效性，自我评估应与其他评估形式结合使用，这样可以得到更全面、更客观的评估结果，从而更准确地指导学生的学习并促进其全面发展。

（四）学期和学年报告法

学期和学年报告法是对学生某一学期或学年的终结性评估。它结合了平时的过程性评估与考试成绩，以改变仅以考试分数评估学生的传统方法。这种评估反映了学生在一定时期内的学习进步和成长。过程性评估的结果不应直接转化为分数加考试成绩，而是应该通过教师的综合分析形成报告，客观描述学生的学习过程和发展情况，最终结合考试成绩给出学生的高校英语学习的综合评级。在遵循教学规律的基础上，英语教学应考虑学生的个体差异和课程的特点，因材施教。特别是在听力教学方面，考虑到学生入学时的听力水平较低，教师需要采取逐步过渡的方法，由简到繁地增加英语在课堂教学中的使用比例。这个过程需要从使用部分英语开始，逐渐过渡到完全用英语授课。为实现这一目标，教师在学期初就应该向学生提出具体的要求（如能背诵课程中的重要段落），以帮助学生培养对英语的语感，促进听力水平的提升；同时，教师需要鼓励学生在日常生活中多听英语材料，多模仿地道的英语发音和语调，以便在大脑中建立起正确的听觉形象。这种渐进式的教学方法不仅能够帮助学生逐步适应用英语进行学习，还能有效提高他们的英语听力能力。

（五）语言测试

在高校英语多模态教学评估体系中，语言测试包括课堂教学测试和大规模标准化测试，具有高效、便捷等特点，量化的考试成绩易于在学生之间做横向的比较，为教学提供有用的信息。

课堂教学测试作为教学中常用的评估方法，能有效评估学生对教学单元、学期甚至整个学年教学目标的掌握情况。其中，笔试是主要形式。为了提高课堂教学测试的有效性，教师需要改变传统的考试内容和方式，将知识考查与能力考查有机结合，同时融合开卷和闭卷考试的优点。测试应强调试题的真实性和情景性，这有助于学生形成对英语学习和实际应用的深刻理解。此外，考试应注重学生解题的过程，减少客观题的比例，增加主观题和开放性试题，这样不仅能评估学生的最终答案，还能考查他们得出结论的思维过程。

大规模标准化测试通过统一的题目、格式和评分标准，能够对大量学生的英语水平进行量化评估。大规模标准化测试通常包括笔试和选择题等形式，涵盖了学生应掌握的核心知识和技能。这类测试能够提供量化的成绩数据，使教师和政策制定者可以对学生的学习成果进行横向比较，评估教育系统的效果，确定学生是否达到了某个学习水平或标准。

第五章 文化碰撞：跨文化交际视野下高校英语教学的发展

第一节 跨文化交际概述

一、文化的概念

《周易·贲卦》记载："观乎天文，以察时变；观乎人文，以化成天下。"[①] 这句话的意思是：观察天道运行规律，以认知时节的变化；注重人事伦理道德，用教化推广于天下。句中"人文"与"化成天下"相结合，实际上已经具备了"文化"一词的基本含义，即通过人伦教化使人们自觉行动。

根据《辞海》中的解释，广义上的文化指人类在社会实践过程中所获得的物质、精神的生产能力和创造的物质、精神财富的总和。狭义上的文化指精神生产能力和精神产品，包括一切社会意识形式：自然科学、技术科学、社会意识形态。有时又专指教育、科学、文学、艺术、卫生、体育等方面的知识与设施。[②]

---

① 姬昌，等.周易 [M].东篱子，译注.北京：北京时代华文书局，2014：93-95.
② 辞海编辑委员会.辞海 [M].7 版.上海：上海辞书出版社，2020：4577.

德国文化理论家阿尔弗雷德·韦伯（Alfred Weber）在总结前人观点基础上，对文化提出了较为全面的定义，主要包括以下几个方面。

（1）文化由外层和内隐的行为模式构成。

（2）这种模式通过象征符号而获得和传递。

（3）文化代表了人类群体的显著成就，包括了在人造器物中的体现。

（4）文化的核心部分是传统的（历史获得的和选择的）观念，尤其是它们所带的价值。

（5）文化体系一方面可以看作行为的产物，另一方面是进一步的行为的决定因素。[①]

通过综合分析可以得出结论，文化是一个多维和复杂的概念，其内涵因地域、时代以及社会背景而异。简而言之，文化可以定义为人们所觉、所思、所言、所为的总和。每个文化都是独特的，反映了其人民的历史、地理位置和特定经历。不同的生态环境孕育出不同的文化形态。比如，一个丰饶的农业社会可能会发展出与土地密切相关的习俗和信仰，而海洋文明则可能强调航海和探险的重要性。文化既是人类活动的产物，也反过来影响和塑造个人和群体的思维方式和行为模式。因此，文化是动态的，是不断发展和变化的，受到内在创新和外部影响的双重作用。它既是一个群体认同和连续性的源泉，也是人类多样性和创造力的表现。在经济全球化的今天，不同文化之间的互动和融合更加显著。

二、交际的概念

交际的定义多种多样，下面介绍一些比较有代表性的学术观点。关世杰将跨文化交际中的"交流"定义为"信息发送者与信息接收者共享信息的过程"。[②] 贾玉新把"交际"看成交际符号过程，一个动态多变的编译码过

[①]　阿尔弗雷德·韦伯. 文化的世界史：一种文化社会学阐释 [M]. 上海：姚燕译. 上海人民出版社，2022：49.

[②]　关世杰. 谈传播学的分支：跨文化交流学 [J]. 新闻与传播研究，1996（1）：64.

程，认为当交际者把意义赋予言语或非言语符号时，就产生了交际。[①] 在《跨文化交际学》一书中，贾玉新深入探讨了交际的本质，强调交际不仅受文化和心理等因素的影响，而且并非总是意识层面的活动，且常常包含无意识和无意的元素，体现在人们使用各种符号来创造和分享意义的过程中，因此，"交际"是一种运用符号传送和解释信息，从而获取共享意义的过程。[②]

本书中所讨论的"交际"重点在于不同语言和文化背景下的交流和理解。

三、跨文化交际的内涵

（一）跨文化交际的概念

跨文化交际有广义和狭义之分。狭义的跨文化交际是指本族语者与非本族语者之间的交流。广义的跨文化交际是指任何具有不同语言和文化背景的人之间的交流。不同民族和国家的语言与文化差异极大，这主要是因为语言和文化的产生及发展是在不同的地理和社会环境中进行的。在经济全球化发展的今天，不同文化背景下的人们使用着不同的语言，这不可避免地会出现交际障碍和冲突。这些障碍和冲突源于语言的差异性和文化的多样性，也反映了跨文化交际的复杂性和挑战性。

学术界对跨文化交际的研究由来已久，不同学者对跨文化交际所下的定义也不尽相同。胡文仲指出，跨文化交际由两个基本要素构成：首先是一些具有不同文化背景的人，其次是这些人所参与的交际活动，当这两个要素结合时，就形成了跨文化交际的场景。他进一步阐释，不同的文化可以划分为主流文化、亚文化、地区文化和小群体文化，在进行跨文化交际研究时，首要的关注点应当是国家与国家之间的交际，其次是关注各个国家内部的主流

---

① 贾玉新. 文化全球化与跨文化对话：全球视野下的跨文化交际研究 [J]. 跨文化交际研究，2009，1（00）：3.

② 贾玉新. 跨文化交际学 [M]. 上海：上海外语教育出版社，1997：9.

文化。[①] 顾嘉祖则将跨文化交际划分为两种类型，一种是具有不同语言文化背景的民族成员之间的交际，另一种是具有相同语言文化背景的不同民族之间的交际。[②] 从该观点出发而对跨文化交际展开研究的人有很多。

（二）跨文化交际的分类

根据不同的标准和要求，跨文化交际可以划分为多种不同的类型，如图5-1所示。

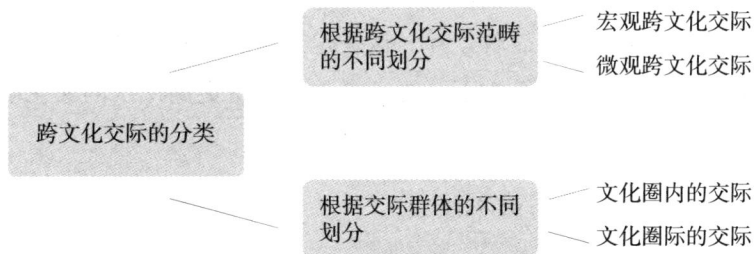

图 5-1　跨文化交际的分类

1. 根据跨文化交际范畴的不同划分

跨文化交际根据交际范畴的不同可以划分为两种不同类型，即"宏观跨文化交际"和"微观跨文化交际"。宏观跨文化交际指的是发生在不同国家之间的交际，涉及不同国界、民族或种族之间的观念和习俗差异。例如，中国人与日本人之间的交际就是一种宏观跨文化交际。这种交际形式往往涉及较广泛的文化差异和复杂的沟通挑战。微观跨文化交际发生在同一国家内，涉及不同文化圈的人们之间的交流。这包括同一个国家内不同民族、种族或地区的人们之间的交流，如中国境内汉族人与回族人之间的交际。微观跨文化交际关注的是国家内部的文化多样性及其对交流的影响。

2. 根据交际群体的不同划分

跨文化交际可以根据交际群体的不同划分为"文化圈内的交际"和"文

① 胡文仲. 从学科建设角度看我国跨文化交际学的现状和未来 [J]. 外国语（上海外国语大学学报），2010，33（6）：28.

② 顾嘉祖，陆昇. 语言与文化 [M]. 上海：上海外语教育出版社，2002：103.

化圈际的交际"。文化圈内的交际发生在同一主流文化内的不同个体之间，即使他们属于同一文化圈，也可能因为地域或其他因素存在习惯性的差异。例如，阿拉伯文化圈不同国家的个体之间的交流，或者中国大文化圈中南方与北方地区的个体之间的交流，尽管这些个体共享某些文化特征，但在具体的习俗和行为模式上仍有所不同。文化圈际的交际是指来自不同主流文化的个体之间的交流。例如，阿拉伯文化圈与欧洲文化圈的个体之间的交际。这种类型的交际通常面临更大的挑战，因为不同文化圈的个体通常在交际的表达方式、表达含义上存在显著差异。这些差异可能涉及语言、非语言沟通方式、价值观、习俗、信仰等方面，要求参与者具备更高层次的文化敏感性和适应能力。

（三）跨文化交际的四个阶段

跨文化交际需要经过四个不同的阶段，如图 5-2 所示。

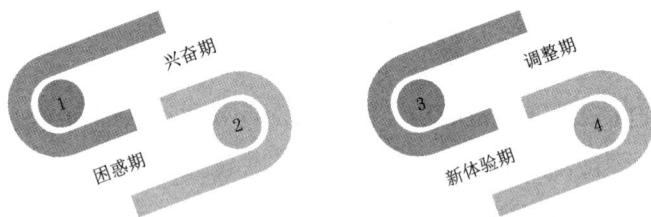

图 5-2　跨文化交际的四个阶段

1. 兴奋期

兴奋期指的是个体首次接触到异质文化时的阶段。在这一时期，个体对新文化中的各种元素感到兴奋和好奇，对所见所闻所感充满了惊讶和喜悦，表现出一种强烈的探索欲和包容心。个体倾向于体验新文化的一切，对不同的习俗和行为表现出欣赏和接受的态度。

2. 困惑期

在这个阶段，随着对异质文化理解的加深，个体可能开始感到焦虑、困惑、孤独和沮丧。这些情绪可能源于对新文化中某些方面的不理解或不适应，或是因为感到自己的文化身份和价值观受到挑战。这一阶段是跨文化适应过程中的关键时期，需要个体努力理解和适应新文化来缓解情绪冲突。

3. 调整期

在这个阶段，经过一段时间的文化接触和体验后，个体开始重新审视本民族文化与异质文化之间的关系，并寻找新的方式和方法来增进对异质文化的了解和接受。在这一时期，随着语言能力的提升和与当地人沟通交流的增加，许多原本的误解和矛盾开始得到理解和化解。与兴奋期全盘接受和困惑期全盘否定不同，调整期是一个对比和反思的过程，个体开始在不同文化之间找出差异，检视和调整自己的态度和行为，更理智地看待文化差异。

4. 新体验期

个体经过一段时间的调整后，会重新审视异质文化。这时，个体已经能够适应并融入其中的部分文化，而对于那些无法接受的部分，也能够进行客观地对待。基于对文化的充分认识和理解，个体能够获得新的体验。例如，有的初到中国的留学生会穿上唐装或旗袍，误以为这样能快速融入当地文化，却发现这种行为有时会招致异样目光。随着对中国文化的深入交流和认识，这些留学生会逐渐明白，对文化的认同不仅仅体现在外在的服饰上，更重要的是对深层次的风俗习惯、价值观念的尊重和理解。

跨文化交际首先要解决的是文化差异的问题，这些差异存在于不同国家、民族、社会群体乃至个人之间。在交际的初期，人们对于这些差异的反应多种多样，有的人可能感到兴奋和激动，而有的人可能体验到焦虑和急躁。这些反应直接影响交际能进行的程度和质量。交际是否成功，很大程度上取决于个体如何看待和应对这些文化差异。采取积极主动的态度，如努力理解对方文化、尊重差异、寻求共同点，通常有助于沟通的顺利进行。相反，消极逃避或对差异的抵触可能导致交际的障碍甚至失败。跨文化交际中的文化差异是不可避免的，而调整过程中的彼此靠拢和趋同则是必然趋势。

第二节　跨文化交际视野下高校英语教学的任务

在高校英语教学中，提高教师的跨文化交际意识与能力、培养和提高学生的跨文化交流心态是跨文化交际视野下高校英语教学的主要任务。

一、提高教师的跨文化交际意识与能力

在跨文化交际视野下，高校英语教学的一个核心任务是提高教师的跨文化交际意识与能力。这一任务的重要性在于，随着经济全球化的加深，学生需要具备跨文化交流的能力，而教师作为引导者和示范者，其跨文化交际意识与能力直接影响到教学质量和学生的学习效果。[①]

首先，跨文化交际意识的提升对于教师而言是基础，这要求教师不仅要了解不同文化的基本特征，还应深入理解文化差异如何影响交际方式。例如，不同文化背景下的学生在表达方式、沟通习惯甚至是思维模式上都可能存在差异。教师若能认识并尊重这些差异，便能更有效地进行教学活动。

其次，提高跨文化交际能力是教师专业发展的重要组成部分。这不仅包括语言技能的提升，还包括敏感性和适应性的培养，以便在不同文化背景下进行有效沟通。这具体涉及学习和运用不同文化的沟通习惯、非语言交际方式，以及提升解决跨文化交际中可能出现的误解和冲突的能力。

最后，提高跨文化交际意识与能力还意味着教师需要不断更新自己的知识库。随着文化不断演变，教师需跟上时代的步伐，了解新兴的文化现象和交际方式，这对于保持教学内容的相关性和吸引力是至关重要的。

---

① 李玉凤. 中华优秀传统文化融入高校英语教学的价值意蕴、现实困境与实践路径 [J]. 太原城市职业技术学院学报，2023，（10）：165.

二、培养和提高学生的跨文化交流心态

在当前经济全球化发展的背景下，在高校英语教学中，培养和提高学生的跨文化交流心态变得越发重要。培养学生的跨文化交流心态，有助于拓宽他们的视野，使其能够更好地理解和适应多元化的世界。理想的英语学习者的特征主要包括以下几点。

（1）能够适应学习环境中的团体活力，克服焦虑和干扰因素。这意味着学习者需要具备在多变环境中保持积极态度的能力，并能有效应对学习过程中遇到的挑战。

（2）积极寻找机会使用目的语开展交流，这不仅包括课堂学习，还包括在日常生活中寻找练习的机会。

（3）利用所提供的机会练习倾听针对他输出的目的语交流并做出反应。

（4）通过各种学习技巧来弥补与团队成员直接交往的不足，能够灵活运用多种学习资源和策略。

（5）具备足够的分析技巧，能够接受、区分和存储目的语信息，并能有效检测和纠正错误。

（6）具备学习目的语的强烈整体动力并具有强烈的任务动机。

（7）愿意冒险，勇于实践。

（8）能够适应不同的学习环境。

在跨文化交际教学中，教师和学生的双重努力至关重要。对学生而言，其需要在思想上进行转变，认识到跨文化交际的重要性，摒弃应试教育的传统观念，积极地投入跨文化交际学习，从而有效地提升自己在这一领域的能力。

第三节　跨文化交际视野下的高校英语文化教学

一、跨文化交际视野下高校英语文化教学的内容

语言是思维的外在体现，思维思考方式是文化在人心理活动中的体现。语言和文化相互影响、相互作用，两者存在着哲学关系。在高校英语教学中，培养学生对英语国家文化的认识具有重要的积极意义，它不仅能加深学生对语言本身的理解，还能促进学生在跨文化交际中应用能力的提升。在跨文化交际背景下，高校英语跨文化交际部分的教学目标主要是传授学生有关英语文化的知识，帮助他们理解和掌握英语在实际应用中的文化背景和语境。在英语教学中，向学生系统讲解英语民族的文化生活是至关重要的。这不仅是教学过程中不可或缺的部分，还是推动学生理解和运用英语知识的有效策略。英语文化的规则和模式是理解英语语言的关键切入点。只有通过全面、深入地了解英语国家的文化，学生才能真正掌握英语语言。

学生对英语文化的认知是英语学习过程中的一个重要且不可或缺的部分。对文化内容的教学不仅能显著提升语言教学效果，而且对学生的综合素质提升有着间接而深远的影响。文化教育是培养学生全面能力的基础，因此，在英语教学内容规划中，文化教育应与学科专业知识享有同等的重要性和教学比重。将英语文化教育与专业知识教学相结合，可以形成一种相辅相成、相互促进的教学关系。这种教学模式不仅有助于学生更深入地理解英语语言，还能促进他们对英语国家的社会、历史、艺术等多方面的了解。这样的教学方法将使学生的英语学习不再局限于语言本身，而是成为一种全面的文化和知识体验，这有利于培养学生成为具有国际视野和跨文化交际能力的人才。

在英语教学中，将英语文化学习与汉语文化学习相结合，并进行汉英文化比较，能够帮助学生更深入地理解英语文化。目前，英语教材中往往缺乏汉语文化与英语文化的对比信息，这要求教师在教学中克服教材的局限，深入探索两种文化的共性和差异。教师需在教学活动中引导学生，帮助学生认识到两种文化之间的相似之处和差异性。同一个词在英语文化中和汉语文化中的解释很可能是多种的。以"红色"为例，在汉语文化中，它通常象征着喜庆和吉祥，具有积极的含义。而在英语文化中，红色往往与侵略性相关联，常常带有负面的意味。这种差异反映了同一词汇在不同文化语境中的多样性和复杂性。因此，教师在教学过程中应当重视对这种文化差异的讲解和引导。通过对比分析的教学方法，教师可以帮助学生明确同一词汇在汉语文化和英语文化中可能有着不同应用和含义。汉语文化和英语文化之间的差异是语言学习面临的根本困难，这直接影响着学生的英语实际运用能力。这就需要教师对文化内容进行正确讲解和引导，帮助学生深入理解不同文化间的差异和联系。

二、跨文化交际视野下高校英语文化教学的原则

跨文化交际视野下高校英语文化教学的原则是指在英语教学过程中融入跨文化交流的理念和方法，旨在培养学生的跨文化交际能力，具体包括文化平等原则、吸收原则和结合性原则，如图5-3所示。

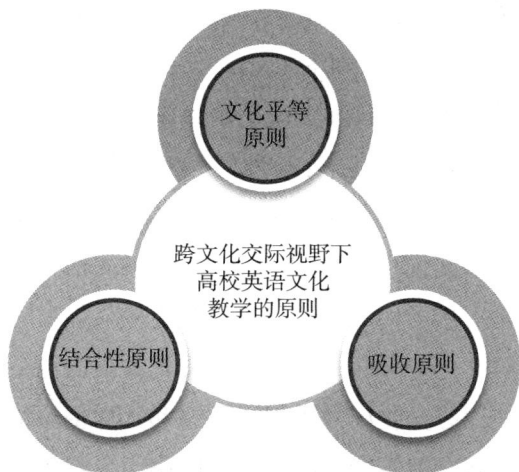

图5-3 跨文化交际视野下高校英语文化教学的原则

（一）文化平等原则

文化平等原则强调世界上不同民族的历史文化传统虽有差异，但都是平等的。每种文化都是经过长时间传承和积淀形成的，反映了特定社会生活的发展和需要。因此，在进行跨文化交际时，认识到文化的平等是非常重要的。跨文化交际的本质在于建立在相互平等和尊重的基础上的交流。在高校英语教学过程中，文化平等原则尤为重要。学生应学会面对外来文化，既不自卑，也不盲目崇拜。教师应客观、公正地对待不同的文化，帮助学生建立起无偏见、无歧视的文化观念。通过这样的教学，学生能够更加深入地理解和尊重文化的多样性和复杂性，从而更好地开展跨文化理解和交流。文化平等原则不仅是跨文化交际的基础，还是现代教育中培养学生国际视野和全球公民意识的关键。只有在人们相互尊重彼此文化的基础上，世界才能真正实现文化的共同繁荣和发展。

（二）吸收原则

历史经验表明，在文化交流和教学中，既不能全盘接受目的语文化，也不能完全坚持本位文化。文化的多样性和独立性是每个民族文化生存和发展的关键。在文化的形成和发展过程中，由于受到时代的政治、经济和科技等方面的影响，每种文化都有其时代局限性，某些内容甚至可能与现代科学发展相悖。因此，在英语文化教学中，教师应注重筛选和传递健康、积极的文化信息，摒弃那些过时或不健康的内容，重视提炼和吸收英语文化中的精华，使之能为己所用，这是文化教学的重要目标。

在文化教学中，"求同"虽然容易理解和实施，但"存异"是教学中应该着重讲授的方面。理解和尊重文化差异对于培养学生的跨文化交际能力至关重要。面对与本民族文化不同的元素时，学生首先需要认知并理解这些差异，然后分辨哪些是可接受的，哪些是难以接受的。在这个过程中，教师应指导学生发现和理解文化差异。以"龙"的文化象征为例，它在中国文化中是吉祥的象征，而在西方文化中常被视为邪恶和暴虐的象征。这种文化差异如果不被学生正确理解，就可能在跨文化交际中引发误解或冲突。因此，教师在教学中不仅要强调文化的共性，还要深入探讨和讲解文化差异，帮助学生建立起正确的跨文化交际观念。

（三）结合性原则

1.文化的显性因素与隐性因素相结合

在英语文化教学中，区分显性文化和隐性文化内容至关重要。显性文化，如文化产品、制度和行为等，通常较易被教学所关注，因为它们直观、具体。而文化的隐性因素，如价值观、思维方式和交际风格等，虽不那么显而易见，但与跨文化交际能力的关系更为密切。实际上，跨文化交际中的大部分误解来源于主观文化的层面。另外，文化的显性因素和隐性因素往往是互相联系的。显性的文化元素，如文化产品和习俗，往往是隐性文化观念的外在表现。反之，隐性的文化观念，如价值观和信仰，也在显性的文化产品和习俗中得到了体现。只有学生理解了这两者之间的相互关系，他们才能真正把握一种文化的本质。如果英语文化教学仅仅停留在介绍显性的文化行为和习俗的层面，而忽略了对背后隐性文化原因的深入分析，那么学生可能会形成刻板印象，甚至误解其他文化。学生可能会觉得某种文化行为"很奇怪"，而不了解这些行为背后的文化动因。因此，英语文化教学应该将文化产品、文化行为习惯和文化观念的教学相结合。

2.课堂教学与课外文化实践相结合

学习英语与英语文化最好的途径是沉浸在那种文化环境中"习得"语言和文化。英语文化教学可以借鉴人类学的"田野工作"模式，将学生置于英语文化的实际环境中，让他们通过观察、参与和交流来学习。课外文化实践的主要优势在于它提供了真实的文化体验，使学生能够直接感受英语文化的多样性和动态性，不仅可以从内部理解英语文化的特点，还能在实际的语言使用环境中练习英语，从而同时提升文化学习能力和英语交际技能。文化学习的有效性不仅依赖于体验和参与，还需要深入地思考和概括。如果缺乏这些关键环节，学习可能变得表面化和零散。因此，有必要将课堂外的文化实践与课堂内的系统学习相结合，确保体验学习的完整性，从而全面提升学生的跨文化交际能力。

三、跨文化交际视野下高校英语文化教学的方法

跨文化交际视野下高校英语文化教学的方法是一种全面、实用的教学策略，强调语言学习与文化理解的结合，旨在培养跨文化交际人才。为此，可以采取以下几种教学方法，如图5-4所示。

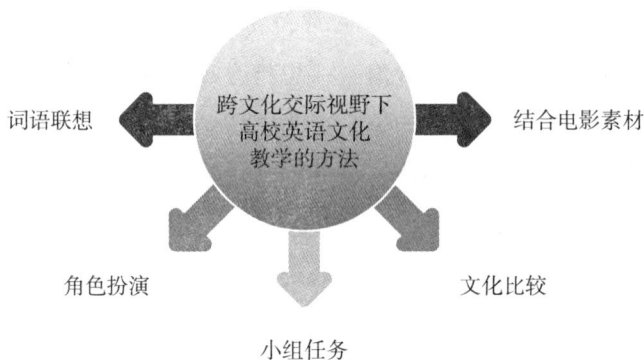

图5-4　跨文化交际视野下高校英语文化教学的方法

（一）词语联想

词语联想是英语文化教学的一种方法，以其独特的方式帮助学生理解和掌握英语词汇的文化内涵。这种教学方法突出了词汇不仅具有概念意义，还包含丰富的文化内涵意义。在词语联想的教学过程中，教师首先选取具有丰富文化内涵或者文化差异显著的英语词汇，并将其展示在黑板上。学生被鼓励根据自己的理解和联想尽可能多地提出与这个词相关的词语。接着，教师详细解释这些词汇在英语文化中的内涵意义，包括它们的褒贬色彩、象征意义以及常用的搭配方式。此后，教师将学生的联想与外国人可能联想到的词语进行比较，让学生清晰地看到同一词汇在不同文化背景下的内涵差异。词语联想教学方法的优势在于，不仅能让学生了解词汇的文化内涵，还能加深他们对词汇的理解和记忆，并在此过程中扩大他们的词汇量。此外，由于不同学生可能会联想到不同的词语，这为课堂带来了丰富的多样性，使学生能够更全面地了解这些词汇在英语中的特定文化内涵。

（二）角色扮演

角色扮演在英语文化教学中扮演着重要角色，它不仅是一种生动有趣的教学方法，还是一种有效的文化学习手段。通过角色扮演，学生可以直观地理解语言使用与语境之间的密切关系，以及言语行为的得体性。这种方法能够帮助学生深入理解语言使用规则与文化之间的联系，领会语言表达背后的文化含义。角色扮演的活动通常包括以下教学步骤：首先，学生学习相关的语言表达方式，掌握必要的词汇和句型。随后，教师提供具体的语言使用情境，如商务会谈、日常对话等。学生分组进行角色扮演，实际运用所学语言进行交流。然后，在全班的表演中，每组展示其对于特定情境的理解和表达，教师则指出在英语文化环境中哪些表现是得体和礼貌的。最后，师生一起探讨在不同文化背景下类似情境的处理方式，这有助于学生更全面地理解文化差异。通过这种互动和实践的学习方式，学生的交际能力会得到提升，同时能更好地理解语言、形式、功能和文化之间的有机结合。

（三）小组任务

小组任务作为语言课堂中的一种重要交际活动形式，在英语文化教学中发挥着重要作用。小组任务作为任务教学法的主要方式，在英语文化教学中的主要优点包括：第一，小组任务以真实的交际为核心，确保了活动不仅是语言形式的练习，而且包含实际意义的交流。第二，小组任务将话题讨论和语言形式的使用相结合，使语言教学和文化教学得到有效融合，增强了学习的实用性和深度。第三，通过小组任务，学生的互动和协商频率及质量得到提升。第四，小组活动有助于降低学生的焦虑感，因为他们是在较为放松的环境中学习。为了确保小组任务的成功，教师需要精心设计任务单，明确任务的具体内容，同时提供必要的词汇和表达方式供学生使用，以使学生在完成任务时有明确的方向和足够的资源，从而提高学习效果。

（四）文化比较

文化比较的方法在高校英语文化教学中扮演着重要角色，其优势体现在以下方面：第一，通过比较不同的语言和文化特征，学生能更深入地理解各种文化的独特性和背后的原因，从而增强对语言和文化的整体把握。第二，文化比较有助于提高学生的跨文化意识和文化敏感度，使他们能更敏锐地感知和理解不同文化之间的差异和联系。第三，通过对不同文化行为和观念的比较，学生能学会宽容和尊重多样性，培养出在多元文化环境中交往的能力。第四，文化比较能激发学生对语言和文化学习的兴趣和动机，使学习过程更加生动和有趣。

文化比较的内容范围非常广泛，包括词语含义、语用表达和规则以及文化习俗和观念等方面的比较。英语教师的任务是创造条件，让学生有机会表达自己对英语文化的看法，同时提供跨文化互动和交流的机会。在角色扮演、小组任务和案例分析等活动之后进行的文化比较，不仅能增加教学的深度，还会使学习活动更加全面和系统，使学生能够在实践中学习和体验文化差异，从而更好地理解和运用英语。

（五）结合电影素材

在跨文化英语教学中，原声电影作为一种教学媒介，发挥着至关重要的作用。通过观看原声电影，学生不仅能够在营造的真实语言环境中接触到地道的英语表达，还能直观地感受到电影中所展现的原汁原味的文化背景。电影中的完整故事情节和丰富的文化元素有助于学生深入理解英语文化现象，以及由此产生的行为模式差异。这种教学方式特别适合于揭示和讨论跨文化交际中的误解和矛盾，帮助学生通过非本族文化与本族文化的对比，深入思考文化差异的根源。原声电影在教学中的重要作用还在于为学生提供了一个模拟的跨文化互动环境。学生通过观看电影中的人物如何在不同的文化背景下交流和互动，可以学习到适应不同跨文化情境的行为模式。虽然电影中的故事和情节可能不完美，但能引导学生关注并思考生活中的跨文化误解和矛盾。

运用原声电影于跨文化英语教学课堂要注意以下几点：首先，要选择合适的电影素材。所选电影应真实、具有代表性，能展示英语文化的多样性。

其次，每个教学单元应围绕一个文化主题，构建动态的教学过程，强调文化与语言的联系。这包括文化知识、认知和态度的培养。教师要引导学生分析特定国家和语言群体的文化现象，实现语言和文化教学的有机结合，从而促进学生对英语文化的深入理解和跨文化交际能力的提升。再次，课堂中学生积极的互动与思考离不开教师有效的提问。教师应围绕课堂主题设计引导性问题，促进学生从被动接受转向主动探索，激发他们对跨文化情境的思考和讨论。最后，教师安排学生在课后以小组形式进行活动和独立研究，以使学生深入探究文化主题，共同整理和理解所学内容。研究成果可在课堂上展示，这可以在检验课堂教学效果的同时，加深学生对跨文化知识的理解，培养学生的团队协作能力和独立研究能力。

第四节　高校英语教学中学生跨文化交际能力的培养

一、跨文化交际能力的含义

语言学习理论研究的任务之一是深入探究语言能力和语言交际能力的构成要素及其形成过程。因为只有当教师对这些能力的构成和发展有全面的认识时，才能更有意识、更有计划性地在教学过程中培养学生的语言能力和交际技能。

（一）语言能力

语言能力是人类先天具备的内在心理机制，是指掌握语言的能力，是一种内化了的语言规则体系，涵盖语音、词汇、语法等方面的语言知识。

在当今社会，语言能力已成为现代人才不可或缺的基础素质之一。随着全球经济的快速发展和人际交往的日益频繁，有效的沟通和出色的口才成了衡量个人能力的重要标准。优秀的语言能力不仅体现在流畅的表达和清晰的思维上，还能够影响和说服他人。在这个信息爆炸的时代，拥有独到的见解和创新的思想固然重要，但如果不能有效地表达和传达这些思想，就难以被社会所接受和认可。因此，现代人不仅需要在思想上不断创新，还要学会如何在不同的社交场合中，用恰当、有力的语言去表达自己的观点，去影响和说服他人。此外，语言能力在社会贡献方面发挥着重要作用。通过有力的言辞，人们可以更好地传播正能量，推广公益理念，甚至在关键时刻发挥领导和动员作用。因此，不断提升个人的语言表达能力，不仅能够增强个人魅力，还能在社会交往和职业发展中占据优势，成为一名有影响力的现代人才。

（二）交际能力

交际能力涉及语言、修辞、社会、文化、心理等多种因素，包括一个人运用语言手段（口头语或书面语）和副语言手段（身势语）来达到某一特定交际目的的能力。交际能力的培养并非只是掌握语言结构，更重要的是能够理解语言在不同上下文中的含义，以及学会如何在各种社交场合中有效地使用语言。这要求学习者不仅能够理解书面或口头表达的字面意思，还能够把握语言在特定情境下的深层含义和社会功能。因此，交际能力的培养是一个涉及语言知识、社会认知和文化理解等多方面的复杂过程，对于任何语言学习者来说都是至关重要的。

（三）跨文化交际能力

跨文化交际能力是指在特定环境中与来自其他文化成员进行有效与得体的交际所需具备的能力，涉及知识、意识与技能三方面的内容。跨文化交际能力主要包括以下几大要素，如图 5-5 所示。

特定环境　　　　　　　　　　　有效与得体

跨文化交际能力
的组成要素

知识、意识、技能

图 5-5　跨文化交际能力的组成要素

1. 特定环境

能力的判断是相对的，深受文化背景和社会环境的影响。在不同的文化和环境中，相同的行为可能会有完全不同的评价。例如，在西方文化中，直接和坦率的交流方式通常被视为有效沟通的标志，反映出个体的自信，是一种有能力的表现。然而，在中国文化中，间接和委婉的交流方式更受青睐。在许多情况下，过于直接的言谈会被视为不礼貌或缺乏敏感性，因此可能被认为是缺乏交际能力的表现。这种差异表明，能力的评价标准并非一成不变，而是需要根据具体的文化和社会环境来判断。因此，评价一个人的能力时，不能仅仅依赖于一种文化或环境的标准，而是应该放在一定的环境中。

2. 有效与得体

有效与得体是跨文化交际能力的要素。在不同文化背景下，"得体"意味着交际行为既合理又适当，符合特定文化、交际情境和交际者之间的关系预期。"有效"指的是交际行为能够实现预期的结果。在跨文化交际中，这两者是相辅相成的，共同构成成功交际的基石。得体性是交际过程中的关键，它关乎交际者如何选择和使用语言、非语言行为，以及如何调整这些行为以适应不同的文化和社会环境。一个得体的交际者能够在保持尊重和敏感的同时，有效地传达自己的信息，使交流流畅而富有成效。有效性是衡量交际成功与否的结果指标，不仅关注于信息是否被正确传达和接收，还涉及交际是否达到了其既定的目标，如解决问题、建立关系或共享信息。理想的跨文化交际者能够在确保交际过程得体的同时，实现交际的有效性。因此，在跨文化交际中，寻求得体性与有效性的平衡是至关重要的。

3. 知识、意识、技能

除了"特定环境"与"有效""得体"，跨文化交际能力的要素还包括知识、意识和技能。跨文化交际能力不是天生具备的，也不是偶然获得的，而是在特定的前提条件下，通过教学和实践逐渐培养形成的。在语言学习过程中，语言、交际和文化之间的紧密联系不容忽视。语言不仅是交际的工具，还是文化的载体，因此英语教学的核心目标之一是使学习者能够运用所学英语进行有效的交际。

跨文化交际能力与一般交际能力在定义上存在类似之处，但跨文化交际能力更强调交际者与所处的文化环境之间的关系。随着文化教学理念的演进，从"熟悉外国文化"到"培养文化意识"再到"提高跨文化交际能力"，这一过程体现了对跨文化交际能力理解的深化。"熟悉外国文化"侧重对外国文化知识的传授，这是跨文化交际能力的基础。学生在这个阶段主要通过学习外国文化的历史、习俗、信仰等方面的知识来建立对该文化的基本理解。"培养文化意识"是在掌握一定文化知识的基础上，进一步强调对不同文化的观察力和态度。在这个阶段，学生不仅需要了解不同文化的事实信息，还需要学会从批判性和比较性的角度观察和理解这些文化，培养对文化差异的敏感性和尊重。"提高跨文化交际能力"是在具备了"文化意识"之后，更加注重在实际交往中的行为和表现。在这个阶段，学生需要将文化知识和文化意识应用于实际的跨文化交流中，通过有效的沟通技巧和适当的行为表现来实现跨文化交际的成功。这三个不同层次的发展阶段正好对应了跨文化交际的三个重要方面：知识、技能和意识。知识是了解不同文化的基础，技能是实际应用这些知识进行有效沟通的能力，而意识则是在跨文化交际中保持开放和尊重的心态。这三个方面相辅相成，是跨文化交际能力的要素。

二、高校英语教学中学生跨文化交际能力的培养策略

（一）教学中形成跨文化交际意识

首先，英语教师需要不断加强对跨文化交际理论的学习，以便将这些理论与实际教学实践相结合，从而更有效地将跨文化意识融入教学内容。由于语言与文化之间存在密切联系，因此英语教学本身就是一个培养学生跨文化交际能力的过程。在实际的教学中，英语教学通常围绕不同的主题展开。学生需要理解相关的文化背景知识，以便更好地听懂和读懂教学材料。在此过程中，学生通常会采用母语的思维方式来内化信息并给出反馈。由于文化差异和语境语篇的影响，学生往往容易产生误解，从而导致交际障碍。此时，教师的适当干预显得尤为重要。通过将文化元素嵌入教学过程，教师可以帮助学生更清晰地理解不同文化背景下的语言表达。例如，句子"I don't think you like sports."体现了英语中的一种独特结构，即在主语为第一人称时否定词前置。然而，许多学生习惯于使用"I think you don't like sports."这种结构，这反映出学生的母语习惯对英语学习的影响。对此，教师需要强调不同语言中文化因素的重要性，帮助学生理解和适应这种差异。此外，教师可通过有趣的文字游戏来让学生体验和理解文化差异。例如，当被要求将海鸥（seagull）、天空（sky）、狗（dog）这三个单词分为两组时，美国人可能会选择海鸥和狗为一组，因为他们倾向于按照物种分类。相比之下，亚洲人可能会将海鸥和天空归为一组，这反映了东方文化中对整体性的强调。这样的练习不仅能增强学生对语言的掌握，还能拓宽他们对不同文化视角的理解。

其次，为适应未来发展，学生需提升跨文化交际素养并运用理性思维探索未知。学习英语不只是掌握语言技能，更关键是理解和捕捉语言背后所蕴含的文化信息。同时，随着中国国际地位的提升，学生应在文化自信的指导下，用英语表达中国文化的独特思想和观念。这种双向的文化学习和表达，不仅有助于学生更好地理解和吸收英语文化，而且会增强学生对母语文化的认同和自豪感。

（二）对比学习中培养跨文化交际能力

英语课堂教学是培养跨文化交际能力的重要途径。部分大学生对跨文化概念的了解停留在表层。对此，教师在教学中应强调母语与英语的对比学习，帮助学生认识思维逻辑差异，深化知识理解。通过归纳对比，学生能从具体例子中抽象出普遍规律，将零散知识系统化，更易理解语言与文化的异同。

对学生跨文化交际能力的培养，高校英语教学应从课本着手。教材中蕴含的学生生活、职业生活及社会生活主题，为语言学习提供了丰富的文化元素。举例来说，教师在讲述西方的圣诞节时，可以与中国的春节进行对比，深入探讨两者的起源、传说、庆祝活动、食物、装饰、主体色调及音乐等方面，帮助学生学习文化的异同，让学生体会到人类对家庭和美好未来的共同憧憬。同时，语言学习不可忽视母语对英语应用的影响。在实际交际中，在对方使用反义疑问句时，学生受中文思维制约，可能会发生表达失误，导致交际障碍。例如，当英语中出现否定陈述句后跟肯定附加问句时，中文思维可能会导致学生理解错误，反应不当，从而引起对方的疑惑。对此，教师需要强调跨文化交际能力的重要性，并通过实际例子帮助学生理解不同文化间的交际规则，提升他们的跨文化敏感度和适应能力，使其能更有效地在不同文化背景下进行交际。

（三）实践体验中锻炼跨文化交际能力

语言学习的核心在于应用，特别是在跨文化交际能力的培养上，这一点尤为重要。在真实或近似真实的语境中，学生能学会更好地应用所学知识。

首先，课外活动和社团提供了理想的平台，为学生在多样化的环境中实践和体验创造了环境。例如，可以开设英文歌曲和原版电影欣赏社团，让学生在音乐的旋律和电影台词中感受不同文化的情感和风情。通过这些活动，学生不仅接触到异国文化，而且在不同的情境中学习真实语言。

其次，组织学生阅读英语名著，鼓励他们交流故事、改编情节，甚至用舞台表演和场景设置的形式，创造性地诠释原著，可以提高学生的语言应用能力和文化理解能力。

最后，引进外籍教师为学生提供了接触新的教学模式和课堂文化的机会，可以激发学生学习语言的热情和兴趣。在这种跨文化的交流环境中，学生的性格与外教的风格相互碰撞，促进了双方的文化交流和理解。在这个过程中，学生不仅学习了新的语言和教学方法，还在无意中向外籍教师传达了中华文化，实现了真正意义上的跨文化交际。这种教育模式不仅丰富了学生的学习经验，还加深了他们对不同文化的理解，为他们未来在经济全球化背景下进行跨文化交流与合作打下了坚实的基础。

（四）自主学习中提升跨文化交际能力

自主学习在现代教育体系中占据重要地位，特别是在高校英语教学中，它不仅促进了学生的个性化和差异化学习，还为学生提供了积极探索和深入理解新知识的机会。自主学习鼓励学生发展批判性思维、创造力和解决问题的能力，这些都是在复杂、多元文化的全球环境中取得成功所必需的。在高校英语教学中，通过自主学习提升学生的跨文化交际能力尤为重要。跨文化交际能力不仅包括语言技能，还涉及对不同文化的深入了解和尊重。自主学习使学生能够根据自己的兴趣和需求，选择适合的学习材料和方法，从而更深入地理解和体验不同的文化。

信息技术的广泛应用在跨文化交际学习中发挥着重要作用，为自主学习提供了强大的硬件支持。英文学习网站、手机应用软件等提供了丰富的跨文化交际课程。这些资源不仅涵盖理论知识，还提供了实践操作的步骤，帮助学生从理论到实践逐步学习和进步。社交软件、视频会议工具等为学生提供了直观了解不同文化的机会，使学生能够在不同文化背景下进行交流和学习，有助于提高学生的实际应用能力。在线平台构建了一种结合视听说读写的跨文化交流教学模式，使学生在多元的学习环境中乐于学习、善于学习，有效地适应了"互联网+"和社会信息化的发展趋势。通过这些平台，学生不仅可以自主学习语言技能，还能够更深入地理解和体验不同文化，从而在真实的语境中提高跨文化交际能力。

第六章　技术赋能：新媒体环境下高校英语教学的创新性发展

第一节　利用微课赋能高校英语教学

一、微课的内涵

微课也称微型课程，它不仅是传统教学方法的延伸，还是新形势下的一种开放性教学模式。[①] 微课主要将视频教学作为学习载体，依赖 PPT 等技术工具来支持教学内容的展示和讲解。在微课中，教师针对特定的知识点进行深入讲解，通过精练且内容丰富的视频形式，使学生快速而有效地掌握所需知识。这种教学方式不仅传授知识，还包括练习作业以及专家的点评等环节，用以增强学习效果。微课教学模式适应了当今社会对于高效、便捷学习方式的需求，是现代教育技术与教学方法结合的典范。

微课教学主要有以下几个特点，如图 6-1 所示。

[①]　唐馨楠. 信息化背景下高校英语视听说课程教学策略 [J]. 英语广场，2023（24）：70.

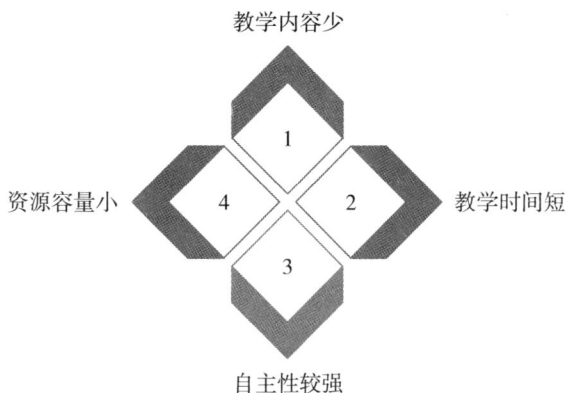

图 6-1 微课教学的特点

（1）教学内容少。在微课教学中，教师会将教学内容浓缩成短小精悍的视频，每个视频专注于一个特定的知识点或技能。这种方法的优势在于，它能够高效地传递核心知识，使学生在较短的时间内就能够掌握关键概念。此外，这种精简的教学内容更适合于当代学生的注意力跨度和学习习惯，特别是在数字时代背景下，学生更习惯于通过快速、直观的方式获取信息。

（2）教学时间短。微课的一个显著特点是其短小精悍的教学时间。通常，一个微课的时长不会超过 10 分钟，甚至有许多课程的时长只有几分钟。在快节奏的生活和学习环境中，学生往往难以长时间集中注意力，短时教学恰好可以在较短的时间内提供高效、密集的知识传递。

（3）自主性较强。微课教学提高了学生的学习自主性。学生可以根据自己的时间安排和学习需要，自由选择学习的微课，不受传统教学进度的限制，这既提升了学习的便利性，也增强了学生的学习动机和主动性。

（4）资源容量小。微课所需的资源容量相对较小，这使其在制作和传播上更为便捷和经济。由于微课的内容集中且时长短，所需的视频制作资源、存储空间和带宽较传统长时课程来说都要少得多。这种低成本的特性使教师和教育机构能够更为容易地制作和分享课程，也降低了学生接受这些教学资源的门槛。

二、高校英语微课教学的优势

高校英语微课教学作为一种新兴的教育方式，凭借其独特的优势受到广泛关注。高校英语微课教学的优势主要体现在以下几个方面，如图 6-2 所示。

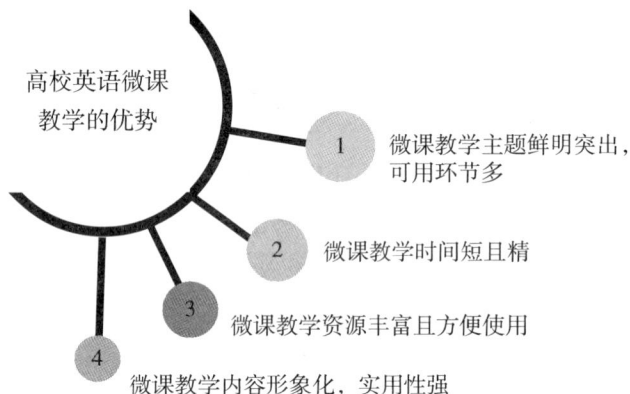

图 6-2　高校英语微课教学的优势

（一）微课教学主题鲜明突出，可用环节多

高校英语微课的选题过程至关重要。选题需要保证主题的鲜明和突出，以确保学生能够迅速把握课程的核心内容。在这个基础上，教师将课程主题聚焦于高校英语教学中的特定知识点，例如语法规则、词汇使用、听力理解或口语表达技巧等。学生可以根据自己的学习需求选择合适的微课，这种自主选择的方式不仅可以节省学习时间，还能提高学习的针对性。一般来说，微课教学的效果较好，这与其精练的教学内容以及较高的教学效率和质量密切相关。

在高校英语教学过程中运用微课这一教学形式，能够将其特殊作用充分发挥出来。

（1）微课可作为课前预习的工具，帮助学生对即将学习的内容进行预先了解和准备。通过观看精练的微课视频，学生可以提前接触到理论知识，这样在课堂练习时，他们能够更有效地吸收和应用所学内容，从而获得更多的理论指导。

（2）微课能够作为引入正式课堂学习的手段。精心制作的微课视频不仅能传递知识，还能激发学生对英语学习的兴趣，这对于提高课堂教学效果至关重要，因为学生的积极参与是学习成功的关键。

（3）微课在课堂总结环节中发挥着重要作用。利用简短的微课视频对课堂内容进行回顾和总结，能够使学生对所学知识有更准确的认识，进而加深理解和记忆。

（4）微课在课外学习中显示出其独特价值。学生可以利用微课学习额外的英语知识和技能，如日常会话、专业词汇等。这种自主学习方式能增强学生的自主学习能力，有利于学生在日常生活和专业领域中更好地运用英语技能。

（二）微课教学时间短且精

相关研究表明，成年人在完成简单枯燥任务时的集中注意力时间大约为20分钟。[①] 这一发现对高校英语教学具有重要启示。在传统的英语课堂中，课程通常持续45分钟或更长时间，基于学生能够集中注意力的时间有限，课堂后半部分的教学效果通常不如前半部分理想。微课作为一种创新的教学模式，其设计与心理学的这一发现高度契合。微课的主要特点是短时、高效，一般每个课程时长不超过15分钟，完全符合学生集中注意力的时间范围，可以确保学生在整个学习过程中保持高度的集中和参与。微课的内容设计科学合理，特色鲜明，采用活泼多样的形式，易于引起学生的兴趣，同时教师的讲解清晰明了，有助于学生更好地理解和掌握英语知识。在微课中，重点和难点可以得到突出的展示和讲解，这使学生能够在较短的时间内深入理解和掌握关键内容。因此，从认知心理学的角度来看，微课的短时教学方式更加符合学生的注意力特点，能够有效提升学习效率和教学质量。

---

① 赵阳，姜燕，娄文静，等. 不同性别的大学生注意力集中的影响 [J]. 河北联合大学学报（社会科学版），2014，14（4）：5.

（三）微课教学资源丰富且方便使用

微课以其内容的丰富性和教学形式的多样性而著称。这些课程将教学内容转化为精彩的视频，不仅使核心知识点的呈现更加精确和易于理解，还大大提高了学生的学习兴趣。微课的多样化教学形式，如动画、实例演示、讲解和互动等，为学生提供了丰富多彩的学习体验。这种新颖的教学方式能激发学生的好奇心，促使他们更积极地参与学习过程。通过微课，学生能够以更高效的方式掌握英语知识，同时享受学习的乐趣。因此，微课不仅适应现代学生的学习习惯，而且可以有效地提升教学效果。

另外，微课所占用的网络流量相对较少，这使其在网络传输和发布上更加高效便捷。这一特性促进了学生个性化学习的实现，满足了他们不同的学习需求和习惯。微课通过精练和集中的教学内容，最大限度地提高了信息的密度和教学效率，体现了其精练性的特点。微课支持多样化的播放形式，不仅可以在各种移动设备上在线播放，还可以下载到设备中进行离线学习。这种灵活性使学习活动不受时间和地点的限制，提升了学习的自由度和便利性。这一特性使微课不仅仅成为课堂教学的有力补充，更能作为学生课前预习的重要材料，帮助学生更好地准备和参与课堂学习，从而使教师课堂教学具有高效率。微课资源的使用不仅便利了学生的自主学习过程，还在不断强化学生的学习兴趣。通过互动性强、内容丰富的微课学习，学生的创新理念和思维方式会得到培养和提升。

（四）微课教学内容形象化，实用性强

尽管高校英语微课的形式多样化，但其本质上依然是高校英语课程的一种表现形式，主要通过教师的直接展示和示范来呈现教学内容。微课中的多媒体课件展示、讲解或配音、引导或说明、解释或纠错等，大多是教师亲自操作和演示的结果。这种教学方式使教学内容不仅限于理论知识的传授，还包括实际操作的展示和指导。微课的一个重要特点是其实用性、直观性和可操作性非常强。如果在微课教学过程中需要使用教学器材，这些器材都是真实可用的，与教学内容紧密相连，使学生能够获得与传统课堂相似的学习体

验。此外，微课中采用的教学方式、练习方法和测试等，都是为了更好地体现和延伸课堂教学内容。微课通过这种创新的教学形式，为学生提供了一个直观、实用且易于操作的学习平台。这不仅能够使学生更好地理解和消化知识点，还能够激发他们对学习的兴趣和参与度，从而提高教学效果。

三、高校英语微课教学的构建

在高校英语教学中融入微课，首先要确保其与学校制定的教学目标和培养方案相适应，并实现有机结合，以保证微课的可行性和科学性，以及能够更好地服务于教学的整体需求。在设计微课时，教师要充分考虑高校英语教学的特点和实际情况，包括教学目标、学生的学习需求、教学资源等因素，合理规划和设计各种类型的微课，以确保不同类型和层次的英语教学需求能得到有效满足。具体来说，高校英语微课教学的构建可以采用以下策略。

（一）微课要与网络教学信息平台相结合

在微课教学中，针对不同年级的学生制定的教学方式一般有所不同，以适应学生不同的学习能力和需求。高年级学生通常已经具备了一定的网络沟通和知识处理技能。因此，微课的设计可以利用学校的网络信息平台，通过更丰富的在线资源和互动方式来拓展学生的知识获取渠道，进而丰富和强化高年级学生的知识结构和能力。相比之下，低年级学生在操作技能和自主学习能力方面一般尚未完全成熟，因此，参加微课学习时通常需要家长、教师的指导。对于这一群体，微课的设计应更加注重简洁明了的内容呈现和易于理解的教学方法。

无论是低年级学生还是高年级学生，在高校英语教学中，要想内容不单一，扩充教学内容的广泛性，关键在于教师的积极参与和创新。教师首先需要深入研读高校英语教学大纲，从中提取有效信息，并结合教学要求，创造与教学目标相符的网络教学资源，再将高质量的教学资源不断融入微课，使学生能够通过微课学习共享这些新的教学内容。网络教学平台的运用是实现这一目标的关键。通过在网络平台上集中整合微课资源，学生可以进行系统化的自主学习。微课的优势在于其内容丰富、形式多样、学习灵活。为了最大限度地发挥微课的优势，教师需要精心选择并确定合适的网络教学平台。在这个平台上，微课资源不仅包括教学内容本身，还涵盖教学设计、目标、活动和评价等多个方面。此外，将微课资源上传到网络教学平台后，学生可以随时随地访问这些资源，无论是课前预习、课后复习还是深入研究，都能得到充分的支持。教师还可以根据学生的反馈和学习成效，不断更新和优化微课内容，确保教学资源的时效性和有效性。

（二）在设计微课时，主题的选择要恰当

微课的教学效果与微课设计程度密切相关，尤其是主题的选择对于提高教学效果至关重要。在高校英语教学中选择合适的微课主题需从确定教学目标入手。教师应明确通过微课教学以期学生掌握的知识和技能，基于此进行主题的选择，围绕高校英语理论或实践课中学生常遇到的问题和难点进行设计，有针对性地解决学生在学习过程中可能遇到的问题和需要掌握的核心知识点。在设计微课时，教师应全面考虑教学内容的难易度，确保其符合学生的实际水平和学习需求。微课的难度和深度应适中，既能激发学生的学习兴趣，又不至于让他们感到过于困难。

（三）制作完整的微课

高校英语微课主要通过视频这一形式展示多样化的学习资源。一个微课视频的制作流程通常包括拍摄视频源文件、课程讲解录音、剪辑视频、合成讲解录音、输出视频文件以及压缩与格式转换等关键步骤。微课的教学内容通常具有直观性、活动性、操作性等特点，这使学习过程不局限于理论知识的传授，还包括了实际操作和互动的环节，提高了学习的趣味性和实用性。为了实现这些特性，高校英语微课的制作模式主要采用实景拍摄和 PPT 相结合的方式。

在实景现场拍摄制作微课的过程中，为保证课程质量，需要注意以下几点问题，如图 6-3 所示。第一，确保示范的规范性和准确性。这不仅涉及教师对于教学内容的传达，还包括教师的仪态和技术动作的标准化。示范动作

需要连贯、清晰，以便学生容易理解和模仿。第二，在视频拍摄过程中，确保画面的稳定性和清晰度。稳定和高质量的画面有助于提高学习材料的吸引力和教学效果，因此，在拍摄过程中，使用高质量的录像设备和确保良好的拍摄环境是必要的。第三，现场讲解时确保声音洪亮且富有节奏感。教师使用通俗易懂的口语进行讲解，可以使学生更容易理解和吸收教学内容。过于书面化的语言表达可能会降低学生的理解和兴趣，因此，应尽量减少或避免使用书面语。

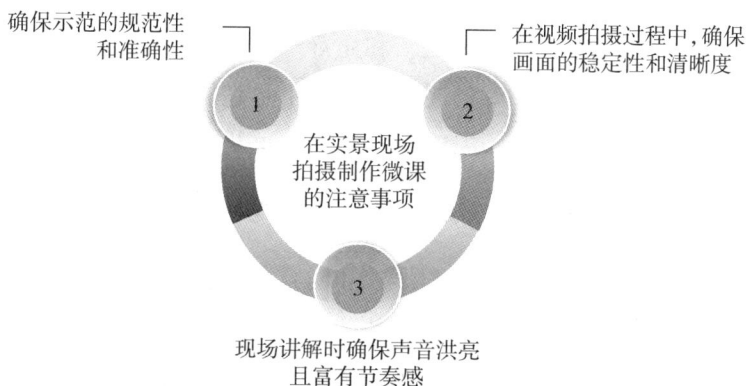

图 6-3　在实景现场拍摄制作微课的注意事项

在制作高校英语微课的过程中，确保制作水平和质量的高标准是至关重要的。为此，需要特别关注以下几个问题。

第一，微课的制作涉及多个环节，包括策划、拍摄、剪辑、后期制作等。每个环节都需要专业的人员进行精准操作。因此，明确每个成员的责任和任务是非常重要的。团队成员之间的通力合作是保证微课整体质量的关键。特别是在确保课程内容连贯性方面，需要制作人员密切协作，避免信息断层或混乱。

第二，视频制作需要达到高度的清晰度和真实感，以便学生能够像身临其境一样学习。微课的开头要吸引人，引发学生的学习兴趣。在视频剪辑过程中，适当使用慢动作回放等技术手段，可以帮助学生在反复观看时更好地理解和分析课程内容，尤其是对于复杂的肢体动作和细节的展示。

第三，教师在微课中的讲解和表达必须清晰、准确。这不仅包括语言的表达，还包括非语言的肢体语言和面部表情。良好的讲解可以实现动静、远近的立体表达效果，有助于学生全面理解教学内容。教师的表达方式直接影响学生的学习体验和教学目标的达成。

第四，选择一个适合的传播平台对于微课的成功传播至关重要。这个平台应该能够保证视频的流畅播放和良好的用户体验。平台的选择还应考虑到目标学生群体的访问习惯和技术条件，以确保每个学生都能轻松访问微课内容。

第五，微课的内容需要不断更新和完善，以保持其时效性和吸引力。引入新资源、更新课程内容和弥补现有课程的不足是持续改进的关键。教师应定期回顾和评估微课的效果，根据学生的反馈和学习成果进行调整。

（四）要及时做好微课效果的评价与反思

微课的质量主要体现为其教学形式和内容是否科学合理，以及是否能够达成预期的教学效果。确保微课质量的关键措施之一在于在课程结束后收集和分析学生的评价与反馈。这一过程不仅有助于教师了解微课的实际效果，还是改进和调整教学方法的重要依据。为了有效收集学生反馈，教师需要保持与学生之间的持续沟通和交流，这可以通过新媒体平台进行，例如在线调查、社交媒体或学习管理系统等，为学生提供了便捷的反馈渠道，同时便于教师集中处理和分析反馈信息。在处理学生反馈时，教师应保持积极和客观的态度。

学生在微课学习过程中的交流与反思对微课的改进和完善起着关键作用。通过交流与反思活动，学生不仅能够加深对课程内容的理解，还能提供宝贵的反馈信息，帮助微课开发者更好地理解学生的学习需求和偏好。因此，将学生的评价和反馈视为微课质量提升的主要参考是至关重要的。学生对微课的评价可以直接指导微课开发者对现有课程进行必要的调整和改进。这种反馈机制使教师能够基于学生的实际体验和学习效果，对课程内容、教学方法和使用的技术进行优化。在某些情况下，这甚至可能意味着需要重新构建新的微课。微课的制作和改进不仅要考虑教学内容的质量，还要确保能够实现教学目标，解决高校英语课程中的问题，以及帮助学生掌握正确的学习方法。学生的积极参与和反馈是实现这些目标的关键。只要微课能够有效地满足这些要求，就可以认为其设计和实施是科学和有效的。通过持续改进和更新，微课可以更好地服务于高校英语教学，提高学生的学习效率和兴趣。

第二节　利用慕课赋能高校英语教学

一、慕课教学的内涵

慕课（MOOC）即大规模在线开放课程，代表了网络教育的一种重要形式。慕课起源于传统的在线教育资源发布和学习管理系统，但与旧模式不同的是，慕课更强调开放性和大规模参与。这种课程形式通过将传统的学习管理系统与更广泛的开放网络资源相结合，为全球学习者提供了丰富和多元的学习机会。慕课的主要特点之一是开放性和大规模参与。课程内容不限于特定机构或个体，而是向所有感兴趣的学习者开放。这种开放性使任何人都可以通过互联网接入，无论地理位置或背景如何。同时，由于课程内容散布于互联网上，学习者可以根据自己的时间和进度自由地学习。慕课以其灵活性、开放性的特点，促进了知识的共享和传播，对全球教育资源的开放与普及产生了深远影响。

慕课的英文全称为 Massive Open Online Course，简写为 MOOC。其中，第一个字母"M"代表 Massive（大规模），这反映了慕课的两个主要特征：一是注册人数众多，体现了它的普及程度和受众广泛性；二是课程资源的大规模，意味着它不限于一两门课程，而是提供了广泛的学科和主题选择。第二个字母"O"代表 Open（开放），指的是学习空间和资源的开放性。慕课允许任何对学习感兴趣的人注册和参与，不受传统学术界限的制约。第三个字母"O"代表 Online（在线），这表明慕课的所有活动，包括教学、学习、讨论、作业完成和提交，以及作业批改等，都是通过互联网在线实现的。第四个字母"C"代表 Course（课程），这涵盖了慕课的核心内容，包括课程大纲、视频讲座、学习资料、作业以及学习指南等。这些课程内容的设计旨在为学生提供结构化和系统化的学习体验，同时鼓励自主和探索式学习。

慕课作为一种创新的在线教育模式，以其开放性、透明性、挑战性显著特征，改变了人们的学习方式和教育观念。这种教学模式不仅为学习者提供了灵活和便捷的学习途径，还推动了教育资源的民主化和全球化。

二、高校英语慕课教学的优势

英语慕课教学在高校英语教学中的应用促成了教学方式和理念的显著变革。慕课的实时更新和全球化视角拓展了学生的知识范围和文化视野，为学生提供了更加全面和现代化的学习方式。具体而言，高校英语慕课教学主要有如下优势，如图6-4所示。

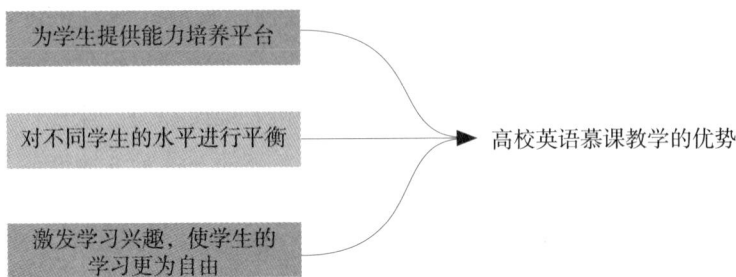

图6-4　高校英语慕课教学的优势

（一）为学生提供能力培养平台

高校英语教学如果侧重基础知识的传授，往往会限制学生综合能力的提升。一些学生之所以未能给予英语学习足够的重视，原因就在于传统教学方法未能激发学生的学习兴趣和主动性。英语慕课教学的引入，为这一局面带来了转机。慕课以其开放性、互动性和灵活性，为学生提供了全新的专业视角和学习动态，能够有效激发学生的学习积极性。通过慕课，学生不仅能够接触到更广泛的专业知识，还能够根据自身兴趣和需求选择适合的学习内容，进而促进专业能力的提升。

（二）对不同学生的水平进行平衡

在大班课堂教学中，由于学生背景的多样性和基础水平的差异，部分学生可能难以获取所需的知识，甚至可能丧失学习积极性。英语慕课教学作为一个开放性平台，为解决这一问题提供了创新方案。慕课允许一对一教学的实现，更好地满足了不同学生的个性化学习需求。在慕课平台上，教师可以根据学生的具体情况提供个性化的教学内容和方法，学生则能根据自己的学习进度和理解能力选择适合的课程和学习节奏。此外，英语慕课教学打破了时间和空间的限制，使学习变得更加灵活和便捷。学生可以在任何地点、任何时间通过网络平台访问课程，进行自主学习。这种方式不仅便于学生根据自身的时间安排和学习习惯进行学习，还能帮助学生有效地巩固和提升英语水平。因此，英语慕课教学是提高学生英语学习效率和效果的有效方式，有助于平衡不同学生的水平。

（三）激发学习兴趣，使学生的学习更为自由

慕课教学模式通过将学习从传统的繁重课堂环境中解放出来，为学生提供了一个轻松、自由的学习空间。在这种环境下，学生的知识获取欲望通常会得以增强，换言之，他们会变得更加主动和积极地参与学习过程。慕课允许学生在自己设定的时间内学习，这种灵活性使他们能够更深入地了解知识的来源和结构，有效地把握关键知识点和内容。学生的学习不局限于接受知识，而是成为一个主动提问、寻找答案、解决问题的过程。这种方式不仅能增强学生的学习深度，还能促进批判性思维和问题解决能力的发展。此外，慕课学习环境的自由性有助于培养学生的自主学习能力。在这种环境下，学生可以通过大量的课外学习实践不断拓宽自己的学习视野，提高兴趣和动力。这种自主学习的过程有助于学生形成终身学习的习惯，从而提高适应快速变化的世界的能力。

三、高校英语慕课教学的构建

一般来说，在互联网教育模式下，慕课教学往往会通过如下几个构建步骤来展开，如图6-5所示。

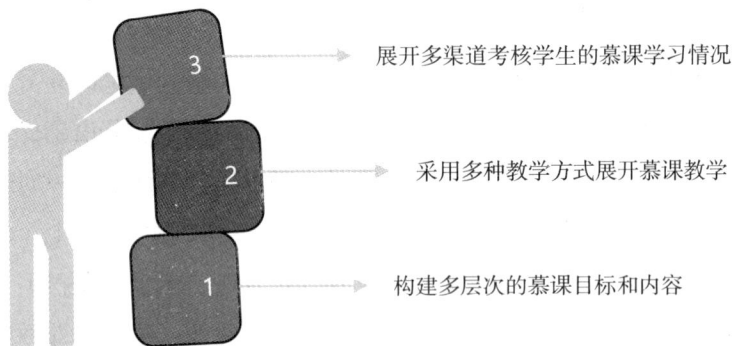

3 → 展开多渠道考核学生的慕课学习情况

2 → 采用多种教学方式展开慕课教学

1 → 构建多层次的慕课目标和内容

6-5 高校英语慕课教学的构建步骤

（一）构建多层次的慕课目标和内容

在高校英语慕课教学中，明确并设置分层次的教学目标和内容对于确保教学有效性至关重要。高校英语慕课课程可以分为初级、中级和高级，每个层次针对不同水平的学生设计相应的教学内容，确保不同水平的学生都能从课程中获益，从而提升整体的教学效果。

初级课程的重点放在英语语法、基本词汇以及听说读写的基础技能上。这适用于英语基础较弱的学生，旨在帮助他们构建英语学习的基础框架。教学内容应涵盖日常生活中常用的词汇和表达方式，以及基本的语法规则。中级课程的目的在于引导学生进入更高层次的语言应用，包括复杂的语言结构和实际应用场景的学习。课程内容应覆盖更广泛的主题，例如商务英语、学术写作、高级口语交际等，以及相关的文化和社交习俗。在这一阶段，除了语言知识的学习，重点也应放在提升学生的实际运用能力上。高级课程着重于提升学生的专业英语能力和批判性思维。在这个阶段，课程内容可以涉及专业领域的英语应用，如科技英语、经济商务英语等，同时包括高级的语言技巧，如议论文写作、复杂文本的阅读理解和分析。

（二）采用多种教学方式展开慕课教学

在高校英语慕课教学的构建中，采用多样化的教学方式能够满足不同学生的学习需求和偏好，同时增强学习的趣味性和互动性。首先，教师可以结合视频讲座、在线讨论、互动式练习、案例分析等多种教学形式。视频讲座可以提供直观的语言学习材料，而在线讨论和互动式练习能够促进学生之间的交流和合作，加深对课程内容的理解。案例分析则可以让学生将所学知识应用于实际情境中，提高实际运用能力。其次，教师可以在慕课教学中引入真实世界的英语应用场景，例如通过新闻、电影、文学作品等多媒体材料，让学生在更加广阔的背景下学习英语。这不仅能提升学生的学习兴趣，还有助于他们更好地理解和掌握英语在不同领域的应用。最后，教师可以鼓励学生参与课程设计，例如通过项目导向的学习，让学生在教师的指导下，自主选择和完成相关的英语学习项目。这种方式不仅能提升学生的主动性和创造性，还能增强他们对所学知识的掌握程度。

（三）展开多渠道考核学生的慕课学习情况

在高校英语慕课教学中，多渠道考核学生的学习情况，是确保教学有效性和促进学生全面发展的关键环节。多渠道考核不仅能够提供对学生学习成果的全面评估，还能够激发学生的学习兴趣和参与度，增强学习过程中的互动与反思。

多样化的考核方式能够更全面地评估学生的学习成果。在传统教学中，闭卷考试和书面作业往往是主要的评估工具，这些方式侧重于评价学生对知识的记忆和理解。然而，这种方式往往忽视了学生的综合能力，如批判性思维、创造力、协作能力等。慕课教学可以通过引入在线测验、小组项目、案例分析等多种考核形式，来更加全面地评估学生的学习成果。例如，在线测验可以实时反馈学生对课程内容的掌握情况；小组项目和案例分析能够评估学生的实际应用能力和团队协作能力。此外，这种多样化的考核方式能够促进学生的主动学习和参与。

第三节　利用翻转课堂赋能高校英语教学

一、翻转课堂教学的内涵

"翻转课堂"也称为"颠倒课堂"或"颠倒教室",是一种创新的教育模式,颠覆了传统教学模式中"课堂讲授—课后作业"的结构。在传统教学中,教师主要在课堂上讲授知识,而学生则在课后通过作业来巩固所学。而在翻转课堂中,这个过程被"翻转"了。在翻转课堂模式下,知识的传授不再局限于课堂。学生在课前通过观看教师录制的微视频、讲座或利用其他数字资源来学习新知识。这些材料通常是精练的,聚焦于核心概念和知识点,使学生可以根据自己的学习节奏进行学习。翻转课堂的实施,使课堂成为一个交互式的学习环境。课堂上的时间不再用于单向的知识传授,而是转变为解答疑问、深化理解、讨论与协作学习的平台。教师在这个过程中扮演的是指导者和协助者的角色,而不仅仅是知识的传递者。翻转课堂强调以学生为中心的学习模式。学生在课前自主学习,这要求他们发展自我管理和自我激励的能力。学生在学习中更为主动,有机会根据自己的兴趣和需要调整学习进度和深度。翻转课堂教学的特点可以概括为学生主导学习、教师变身导师、个性化学习、多元化教学,如图6-6所示。另外,信息技术的运用是翻转课堂成功的关键。通过在线学习平台、教育软件和多媒体资源,翻转课堂将教学内容数字化,增强了学习的可访问性和灵活性。同时,这为教师提供了监控学生学习进度和理解程度的工具。

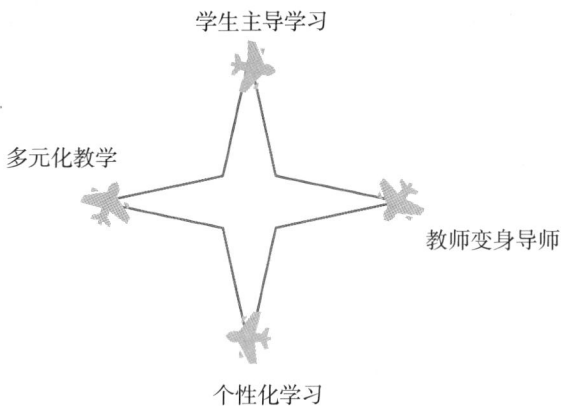

图 6-6　翻转课堂教学的特点

二、高校英语翻转课堂教学的优势

翻转课堂教学从根本上改变了英语教学的传统方式，使其更加符合当代学生的学习需求和特点。高校英语翻转课堂教学的优势主要体现在以下两个方面。

（一）便于学生开展个性化学习

由于学生的英语基础、认知程度和兴趣各不相同，传统的一体化教学模式往往难以满足每个学生的具体需要。而翻转课堂教学则从学生的个体差异出发，提供了一种更为灵活和个性化的学习方式。在这种模式下，学生可以根据自己的实际水平和兴趣，在课前通过观看视频、阅读材料等方式自主学习，这为分层教学提供了可能。在课堂上，教师不再是单一的知识传授者，而是转变为指导者和协助者的角色，帮助学生解决学习中的难题，引导学生深入探讨和实践。这样的教学环境使学生能够根据自己的学习进度和兴趣进行学习，从而实现个性化的教学目标。

（二）便于学生自由安排时间

英语翻转课堂教学模式特别适合那些需要合理分配学习和工作时间的学生，尤其是毕业生。在这种模式下，学生可以根据自己的时间表和学习节奏来安排英语学习，使学习更加灵活和自主，这对于那些同时需要投入时间于实习或工作的学生尤为重要。通过在课前自主学习英语，学生能够更有效地利用自己的业余时间，使自身在学习和工作之间保持平衡。换言之，翻转课堂不仅提高了学习效率，而且帮助学生更好地掌控自己的时间，使其能够在完成学业的同时，也能投身于职业发展。

三、高校英语翻转课堂教学的实施策略

（一）设计英语教学过程

翻转课堂的设计是一个多层次、综合性的过程，涉及从课外学习目标的确定到课内活动的实施各个方面。

第一，对课外学习目标进行确定，这决定着学生在课前需要达到的学习成果。

第二，选择翻转课堂的具体内容，这些内容应适合学生自学，主要包括理论概念或基础知识。

第三，选择翻转课堂传递的手段，如视频讲座。这些材料应该是高质量的，能够清晰地传达必要的信息，并且易于被学生理解和吸收。

第四，准备翻转课堂教学的资源，包括制作或筛选适合的学习材料，如视频、讲义、案例研究等。这些资源应与课外学习目标紧密相连，并支持学生自主学习。

第五，对课内学习目标加以确立。这类目标通常通过讨论、实验、项目等互动形式实现，促进学生将课前学到的知识转化为实际应用。

第六，选择翻转课堂评价的手段，包括传统的考试和作业，以及其他形式的评估，如项目、演示、同行评审等。

第七，设计具体的翻转课堂教学活动，包括小组讨论、案例分析、模拟实验等，旨在让学生在课堂上积极互动和应用所学知识。

第八，教师辅导学生展开学习，帮助学生克服学习中的障碍，确保学生能够有效地从课外自学转向课内深入学习。

（二）开发英语教学资源

教学资源在现代教育中扮演着至关重要的角色，尤其是在翻转课堂教学模式中。从广义上讲，教学资源包括用于教学的人力、物力以及设施等，这些资源共同构成了一个有利于个体学习的环境。随着科技的进步和信息化教学资源的出现，教育领域发生了显著的变化。

信息化教学资源，如数字教材、在线学习平台和互动软件，为实现教学目的创造了有利条件。在实现翻转课堂的过程中，一些信息化教学资源变得尤为重要，如制作精良的教学视频、精心设计的学习任务单和阶段性训练材料等。这些资源使学生能够在课前自主地获取知识，为课堂上的深入学习打下基础。其中，软件工具的应用成为翻转课堂成功的关键因素。软件工具不仅能帮助教师设计互动性强、信息丰富的教学视频，还能促进师生间的协作交流，帮助学生展示他们的学习成果。例如，教学管理系统可以跟踪学生的学习进度，而在线讨论平台则鼓励学生之间的互动和合作学习。

第四节　利用微信赋能高校英语教学

一、微信的相关概念

（一）微信

作为移动交互软件，微信自诞生以来，用户量日益增多，现已成为全球范围内极为广泛使用的社交媒体平台。微信支持多种语言和移动网络，其版本覆盖了从苹果、安卓到个人 PC 端，甚至黑莓和诺基亚版本。微信的便捷性和功能的强大，使其迅速成了人们日常生活和工作中不可或缺的交互工具。微信的显著特征之一是支持文字、图片、语音、视频等多种形式的交流，这不仅使人们之间的沟通变得更为丰富和便捷，而且对商业和教育领域产生了深远影响。微信的运营模式与互联网类似，能够将不同的个人、社会群体和企业联系在一起，创造出更多的交流和合作机会。尤其是微信支付、微信红包和微信运营等功能，为电子商务领域带来了革命性的变化。

在教育领域，微信也显示出其独特的价值。利用微信的多功能性，教师可以有效地与学生进行沟通和交流，支持教学活动的开展。例如，教师可以通过微信群发布作业和教学通知，使用微信视频进行在线教学，甚至通过微信文件分享重要的教学资源。学生之间也可以通过微信进行学习讨论和资料共享，这种即时通信的方式大大提高了学习的互动性和效率。微信在教学中的应用不限于日常的教学管理和信息传递，还可以作为一个创新的教学工具。教师可以利用微信进行翻转课堂的教学，通过微信分享预习材料，让学生在课前自主学习。课堂上，教师和学生可以围绕学生预习的内容展开深入的讨论和实践活动。此外，微信可以作为学生展示学习成果的平台，比如通过微信小视频分享他们的项目作品或实验结果。

（二）微信公众平台

微信公众平台自正式上线以来，已经成了个人、政府、企业等进行自我营销和传播的重要渠道。微信公众平台提供了一个一对多的媒体性行为平台，使信息的发布和传播更为高效和广泛。微信公众平台的发展经历了显著的变化，自从开放以来，共经历了 5 次重大更新，分别是发生在 2013 年的 2 次和 2014 年的 3 次。这些更新使微信公众平台的功能由最初的单一到逐渐多样化，改善了用户体验。这些变化主要体现在以下几个方面：接口更加高端；接口的获取渠道更加多样；用户的体验更优；增强了对用户使用的保密程度；开发了微视平台，可以上传更大内存的视频。微信公众平台有以下几个特点，如图 6-7 所示。

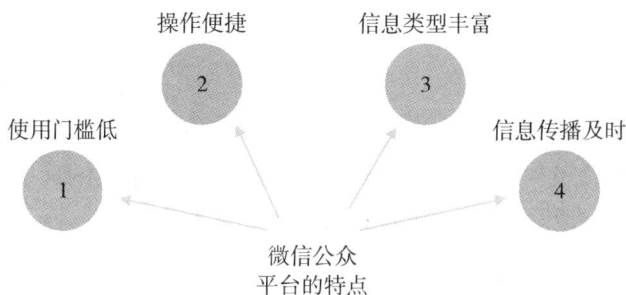

图 6-7　微信公众平台的特点

（1）使用门槛低。微信公众平台作为一款免费软件，在各大应用商店都可以轻松下载，无论是安卓用户还是苹果用户都能无障碍地使用。对于想要创建自己的公众号的用户来说，注册过程同样简单便捷。通过手机号、邮箱或腾讯 QQ 号，用户就可以轻松完成公众号的注册。这种简化的注册流程降低了用户的进入门槛，使更多人可以参与微信公众平台的使用和内容创作。

（2）操作便捷。无论是对于公众号的管理者还是关注者来说，微信公众平台提供了极为简单直观的操作界面和功能。在公众号的创建和管理方面，微信公众平台考虑到了不同用户的技术接受能力，使即便是技术不熟练的用户也能轻松地使用这个平台。在教育领域，微信公众平台的简便性尤为突出。教师可以轻松地将教学资源和信息发布到公众号上，学生仅需扫描二维码即可快速关注并获取这些资源。这种方式不仅提高了教学信息的传递效率，还使学生能够随时随地获取教学内容，保持与教师教学进度的同步。例如，教师可以发布课程预习资料、作业指导或课程相关通知，学生则可以通过公众号及时获得这些信息并做出相应的准备。

（3）信息类型丰富。微信公众平台支持多种信息类型，包括 PPT、视频、图片、文字和表情包等，提供了多样化的表现手法。这种信息类型的多样性使教学内容的传达更加生动和系统。例如，教师可以通过上传精心设计的 PPT 和教学视频，来加深学生对课程内容的理解和兴趣。同时，图片和文字的结合使用可以更好地解释复杂的概念或步骤，使学习更加直观和易于理解。此外，表情包等轻松的元素可以用来增添学习过程中的趣味性，从而提高学生的学习动机。

（4）信息传播及时。微信公众平台能够使用户及时接收到最新的信息，这对于教育领域来说尤为重要。教师可以通过公众平台发送课程更新、作业指导或其他重要通知，学生则可以快速地接收并做出相应的反应。这种即时的信息交流保证了教学活动的连续性和一致性，确保学生与教师保持同步。当学生遇到不懂的问题时，教师可以利用微信公众平台及时回应，或者通过建立微信群来促进学生之间的交流和讨论。这种实时的互动不仅能提高教学效率，而且会增强学生的参与感。通过及时沟通和解答，教师可以确保学生对学习内容有更深入的理解，同时能够及时调整教学策略，以适应学生的需求。

（三）微信群

1.微信群的概念

微信作为一款广泛使用的交互软件，具有强大的社交功能，尤其是微信群的功能。通过微信群，用户可以创建一个多人交流的社区，将有共同兴趣或爱好的人聚集在一起。在这样的群组中，每个成员都可以自由地上传和分享照片、视频以及文章。

2.微信群的特点

微信群的特点主要体现在以下几个方面，如图 6-8 所示。

1
沟通不受地点限制

微信群的特点

3
交流不受形式限制

2
学习内容不受书本限制

图 6-8　微信群的特点

（1）沟通不受地点限制。对于学生而言，微信群提供了一个便捷、快速且有效的学习环境。在课外学习中，如果学生对某些内容有疑问或未能完全理解，可以轻松地在微信群内向教师或同学求助。这种实时的互动和沟通促进了知识的理解和消化。对教师而言，微信群的建立同样提高了教学效率。教师可以利用微信群进行新知识的传授，以及课堂资料的分享等，如发送相关的文件或PPT。教师还可以通过微信群发放和批改作业，这不仅节省了时间，还使教学活动更加灵活和互动。微信群的这一特点不仅提高了教学和学习的效率，还增强了教师与学生之间的互动。学生可以更加主动地参与学习过程，而教师也能更好地了解学生的学习情况，及时调整教学策略。

（2）学习内容不受书本限制。教师可以利用微信群分享课本之外的丰富内容，如英文电影片段或关键的教学视频，为学生提供更多样的学习资料。通过微信，教师能够轻松分享各种形式的学习资源，如文章、视频、音频和图片，这些内容不仅涵盖了传统课本知识，还包括最新的国际新闻、流行文化、科技进展等多方面信息，极大丰富了学习的内容和形式。学习内容不受书本限制的特点，为学生提供了更加丰富多样的语言输入环境。学生不再是被动接受知识的容器，而是能够根据自己的兴趣和需求，主动探索和学习新的知识、了解新的信息。

（3）交流不受形式限制。在微信群内，成员可以自由选择多种交流方式，包括文字、图片、视频、音频和文件分享等。这种多样的交流方式使信息传递更加丰富和直观，满足了不同场景的沟通需求。文字交流提供了快速而简洁的信息传递方式，适用于日常沟通和紧急通知。图片和视频分享能更直观地展现信息内容，特别是在需要展示复杂信息或进行教学演示时尤为有效。音频信息适合那些不便于打字或需要表达更多情感的情况。文件分享功能大大方便了工作和学习资料的传递。微信群的这种交流灵活性不仅增强了信息的可及性和互动性，而且适应了不同用户的交流偏好，从而提高了沟通的效率和质量。

二、微信平台运用于高校英语教学的优势

微信作为当今流行的社交平台之一，不仅符合当代大学生的沟通习惯，而且具有多重优势，在高校英语教学中发挥着独特的作用。微信平台运用于高校英语教学的优势主要体现在以下几个方面，如图6-9所示。

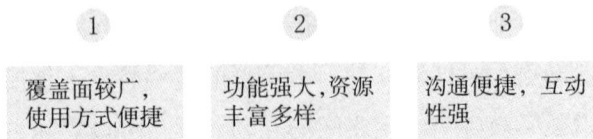

1	2	3
覆盖面较广，使用方式便捷	功能强大，资源丰富多样	沟通便捷，互动性强

图6-9 微信平台运用于高校英语教学的优势

（一）覆盖面较广，使用方式便捷

在校大学生普遍使用微信，这使微信成为连接教师和学生的重要平台。随着智能手机和平板电脑等移动设备的普及，以及5G技术的快速发展，基于微信的移动学习变得更加及时和便利。教师可以利用微信的功能，如搜索、转发和推荐，迅速将英语学习资料和教学的视频、音频及文章等资源传达给学生。这种即时的信息传递方式提高了学习材料的可达性和学生的学习效率。学生可以随时随地接收和查看这些资料，无论是在课堂内还是在课外，都能够有效地进行英语学习。此外，微信平台的多功能性支持互动式学习。学生可以通过微信群或私聊向教师提问，与同学讨论，从而增强了学习的互动性和参与度。

（二）功能强大，资源丰富多样

微信作为新媒体技术的代表，为英语教学提供了独特的平台。借助微信可以整合丰富的网络资源，使教师能够便捷地引导学生完成课内外的英语学习。通过其自动回复和留言功能，教师可以发布教学资源，同时对学生的学习进度和理解情况进行实时跟踪和评估。这种互动性不限于传统的教学内容，教师还可以利用微信平台发布各种练习和活动，从而加强学生的基础英语知识。另外，微信可以用于组织与英语主题相关的竞赛和活动。这不仅有利于激发学生的学习兴趣，还为学生提供了展示自我创造力的机会。

（三）沟通便捷，互动性强

微信平台在传统英语教学中引入了一种新的互动方式，弥补了课堂交流时间有限的不足。通过微信的留言功能，学生可以在课后针对教师发布的课件或信息表达自己的看法，提出改进建议，或者分享自己的学习困惑。学生通过留言功能提出的问题，可以被任课教师看到并及时回答，从而加强师生之间的情感交流和学术交流。教师也可以通过发布新闻报道或其他相关内容，激发学生的思考并邀请学生表达自己的观点。这不仅能激发学生的学习兴趣，而且有助于提升学生的批判性思维、沟通能力和讨论能力。微信平台因此成了传统英语教学的有力补充，提供了一个灵活的学习和交流环境，让学生能够在课堂之外继续与教师互动，深化学习体验，同时丰富了教学内容和方式。

三、运用微信平台的高校英语移动学习模式的构建

（一）引导学生运用微信平台，开展移动英语学习

大学生虽具备自学能力，但传统教学理念的影响仍导致他们在英语学习上表现出一定的被动性。在这种情况下，微信学习平台的作用变得尤为重要。基于微信的移动学习平台不仅提供了便捷、开放的学习环境，而且通过其交互性和即时性特点，为学生创造了一个全新的学习体验。教师在创建和运用微信学习平台时，需要承担起管理和引导的责任。仅仅建立平台是不够的，教师需要积极地引导学生使用这个平台，激发学生的学习兴趣和主动性。这包括定期发布学习材料、组织在线讨论、回答学生提问，以及通过平台布置和检查作业。有效地管理和引导是确保微信学习平台不成为形式主义、发挥实际教学作用的关键。微信学习平台的开放性使学生能够接触到广泛的信息和资源，了解不同的文化和思想。这种多元化的学习环境有助于学生认识到自己与他人的差异，拓宽视野。同时，学生可以将从平台上学到的知识直接应用于解决实际生活中的问题，从而增强学习的实用性。

（二）提高内容信息的更新率，扩展英语移动学习范围

首先，教师在使用微信平台时应注意及时更新学习内容，确保信息的时效性和相关性，以便于学生间的有效信息共享和互动学习。教师可以利用平台发布多种类型的教学材料。例如，及时转载来自英美等西方国家的时政新闻，不仅能够帮助学生了解国际时事，还能够提高他们的语言实际应用能力。其次，教师可以在平台上布置学习任务，并分享有效的学习方法和资源，扩展学习范围，使学生能够根据自己的需要进行下载和学习。鉴于大多数学生习惯于晚上使用手机，教师发布的学习内容最好能在傍晚时分推送，这样可以保证学生能够及时接收到信息并进行学习。最后，考虑到有些学生已经养成了每天利用微信学习平台进行学习的习惯，教师应当坚持每天推送新的学习材料，以满足学生的持续学习需求。

（三）注重实用英语，发挥微信平台优势

学习英语的主要目的在于将所学知识运用到实际生活和工作中。为了达到这一目的，教师在教学过程中应创设积极的学习环境，并有效利用信息技术，如制作与课本知识相关的教学视频。微信平台在这方面具有显著优势，其操作便捷性、即时的沟通交流能力以及寓教于乐的特点，使其成了英语教学的有效工具。利用微信平台，教师可以开展各种形式的英语教学活动，如口语和写作训练，这不仅能调动学生的学习积极性，还能增强学习的实践性，帮助学生更好地掌握实用英语。通过互动功能，学生可以实时反馈和交流，加深对英语知识的理解和运用。此外，借助微信移动平台，教师可以分享外国文化和节日内容。举例来说，教师可以借助愚人节、感恩节、复活节等重要节日，为学生展示与这些节日相关的丰富背景知识。这种方式不仅能激发学生学习英语的兴趣，还能使学生更加直观地了解和体验外国文化，实现"学以致用"。

（四）借助微信平台，实现高效课堂交流

英语是国际通用语言，其学习不仅仅是语言的学习，更是一种文化的体

验。通过微信学习平台，教师可以向学生推荐关于不同国家风土人情的积极且有趣的内容，从而丰富学生的文化视野，增强他们学习英语的兴趣。

微信学习平台的引入为英语教学带来了深刻的变革，它不仅改变了学生在课堂中的地位，还促使教学模式从"以教师为中心"向"以学生为中心"转变。在传统的"以教师为中心"的教学模式中，教师通常是课堂的主导者，使用统一的教材来教授学生，而学生则多扮演着接受者的角色，被动地学习教师所讲授的内容。在这种模式下，学生的主动性和创造性往往受到限制。相比之下，微信学习平台的使用为学生提供了一个展示自我、加强交流的机会，能够激发学生的主观能动性。在这个平台上，学生可以自由地表达自己的想法、分享学习成果，与教师和同学进行更深入互动。这种方式不仅强化了学生的英语应用能力，还鼓励了一些内向的学生大胆地表达自己和展示自己。在微信学习平台的支持下，学生在遇到学习难题时，更倾向于主动寻找答案和解决问题，而不是被动等待教师的帮助。这种自主寻求解决方案的学习方式能培养学生的独立思考能力和解决问题的能力。教师在这个过程中的角色更多地转变为指导者和协助者，其需要为学生提供足够的发言机会，并创造一个良好的沟通平台。

（五）利用网络资源，开拓学生素材获取渠道

微信学习平台的创建，以其便捷性和移动性特征，为学生提供了一个灵活的学习环境。学生可以在任何时间和地点，多次复习和学习相关知识，这一点在现代教育中尤为重要。利用微信平台，教师可以发送与课本教材相关的学习音频和文字资料，学生则可以根据自己的兴趣和学习习惯，自主选择学习内容和方式。通过直播录像和交流平台，学生可以复盘和深化对知识点的理解。为了更好地利用这一平台，教师可以在课程开始时，引导学生关注学校创建的高校英语课程微信公众号。在这个公众号中，教师不仅可以设置搜索和补充资料的功能，还可以创设互动的评论区，让学生就所学的知识进行深入探讨和沟通。这种方式不仅促进了学生课后学习的积极性，还加强了师生间的互动。在课堂上，教师可以针对公众号中的内容进行详细讲解，并

提出问题，激发学生的思考和参与。这样的教学策略不仅实现了学习资料的共享，而且在某种程度上实现了教育的平衡，使所有学生都有机会获取相同的学习资源，并在教师的引导下更有效地进行学习。

第七章　自我革命：新时代高校英语教师的专业化发展

第一节　高校英语教师专业化发展的理论依据

一、高校英语教师专业化发展的相关概念

（一）专业

随着社会的发展和需求的变化，社会分工与职业分化变得越来越细。在这个过程中，专业职业应运而生，指的是那些需要特定知识和技能训练才能胜任的特殊职业。这些专业职业的工作对象复杂多变，涵盖了广泛的领域，从医学、法律到工程技术等。"专业"一词最初来源于拉丁语，用于表达人们公开陈述自己观点的行为。这个词在现代汉语中的含义发生了显著的变化。在现代汉语中，"专业"指的是个人或团体在某一特定领域内通过教育和训练获得的知识和技能。这反映了社会对专业化人才的需求日益增长，以及对专业知识和技能重视程度的提升。如此，专业不仅代表了个人的职业方向和能力，还成为衡量一个社会或经济体系发展水平的重要标准。通过专

业化的培训和实践，人们能够更好地适应社会的需要，推动社会的进步和创新。

《现代汉语词典》中对"专业"的释义如下。

（1）高等学校的一个系里或中等专业学校里，根据科学分工或生产部门的分工把学业分成的门类。

（2）产业部门中根据产品生产的不同过程而分成的各业务部分。

（3）专门从事某种工作或职业的。

（4）具有专业水平和知识。①

专业的出现和发展是社会进步和职业分化的必然结果。随着社会对自然和社会现象理解的不断深入，社会专业化的程度日益提高。专业的标准具体如下。

（1）专业有一定的门槛和垄断性。专业不是任何人都能从事或者做好的，非专业人士难以轻易介入。例如，医学、法律等领域，要求从业者具备深厚的理论知识和实践经验，这使这些职业成为高度专业化的职业。

（2）专业有较强的学术性。专业要求从业者拥有深厚的理论知识和专门的技能，这些通常通过长期的专业培训获得，并需要通过持续学习和进修来维持和更新。

（3）专业人员要有较高的职业道德。专业人员的工作也是为社会和公众服务，由于工作的专业性，需要从业人员具有较高的职业道德。

（4）专业具有创造性。随着社会需求的变化，专业人员需要不断地调整和完善自己的知识和技能，以应对新的挑战和问题。

（5）专业实践具有权威性。专业人员在面对劳动对象的复杂性和不确定性时，应具备独立自主地处理问题的能力。

（6）有专业组织。专业人员通常是专业行业团体的一部分，这些组织不仅为专业人员提供发展的平台，还维护他们的专业自主权和社会地位。

---

① 中国社会科学院语言研究所词典编辑室．现代汉语词典 [M]．7 版．北京：商务印书馆，2016：1719．

（二）专业化

专业化的含义可以从两个角度来探究。首先是提升专业技能水平和增强专业实践中专业知识储备的过程，其次是让地位变得更加重要的专业发展的过程。

一方面，专业化关注从事该职业的人员的专业技能和职业行为。为了在专业领域内提升自己的地位，从业者需要积极发挥自主学习的能力，主动参与职业技能培训，并严格遵循职业技能的要求来完善自己的工作。然而，专业化的过程不仅仅依赖于从业者的个人努力，更需要一个有利于专业发展的外部环境。这个环境一般包括教育资源、行业标准、职业发展机会等因素。因此，个人的自我提升和适宜的外部条件共同构成了实现专业化的重要条件。这一角度强调个体的专业化，即从业者通过提升自己的专业知识和技能来增强自身在行业中的地位和影响力。这包括接受专业培训、参与实践活动以及持续的自我学习和进步。个体的专业化不仅提升了其个人能力，还为整个职业群体的专业化贡献了力量。

另一方面，专业化十分注重提升整个职业群体的社会地位。从本质上来看，职业专业化的过程是一个普通工种在多种条件促成下，逐渐被社会广泛认可并成为一个专门的职业的过程。在这个过程中，职业转变为专业，从业者也获得了社会各界的认可和尊重。这一角度体现出职业群体的专业化，即通过社会的集体努力和对教育目标的实现，整个职业群体的社会地位和专业水平得到提升。这不仅是从业者个人努力的结果，还是教育体系、行业标准以及社会文化等因素共同作用的产物。随着社会对特定职业的认知和评价的提高，这些职业的专业地位也随之提升。

（三）教师专业发展

1.教师专业发展的内涵

关于教师专业发展内涵的理解大致可以归纳为以下三种观点，如图 7-1 所示。

教师专业发展是教师专业成长的过程，强调一种状态

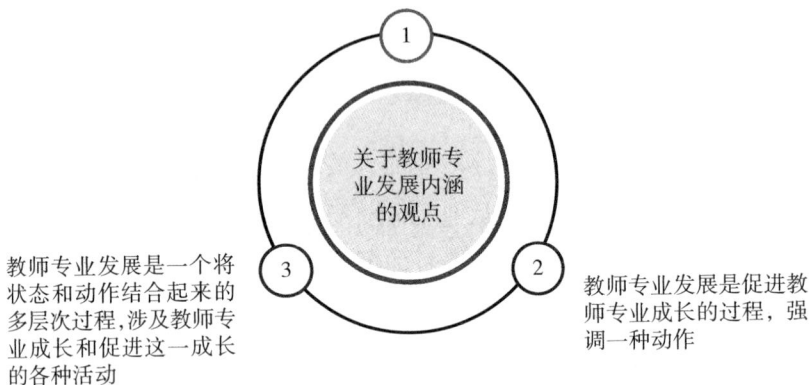

关于教师专业发展内涵的观点

教师专业发展是一个将状态和动作结合起来的多层次过程，涉及教师专业成长和促进这一成长的各种活动

教师专业发展是促进教师专业成长的过程，强调一种动作

图7-1　关于教师专业发展内涵的观点

（1）教师专业发展是教师专业成长的过程，强调一种状态。教师专业发展是一个在教师职业生涯各阶段不断进行的过程。这一过程强调了教师知识结构和能力的动态变化，展现了教师专业技能的不断提升和完善。然而，这种观点在某种程度上忽略了教师专业发展的具体途径和背后的原因。教师的成长不只是知识和技能的积累，还涉及教师个人的成长动机、教育环境的影响以及职业生涯规划等因素。

（2）教师专业发展是促进教师专业成长的过程，强调一种动作。对教师专业发展的研究有两种路径。一种路径聚焦于教师如何掌握教学的复杂性，涉及特定教学方法的运用，课程改革的实施，以及教师如何学习教学、获取知识和达到专业成熟。这种研究强调教师在长期教育实践中如何保持工作热情和投入。另一种路径侧重于研究那些影响教师动机和学习机会的组织和职业条件。这包括教师所在教育机构的支持体系、职业发展机会以及工作环境等因素，这些都直接影响教师的职业动力和专业成长。

（3）教师专业发展是一个将状态和动作结合起来的多层次过程，涉及教师专业成长和促进这一成长的各种活动。基于此观点，教师专业发展有以下五层含义：①教师专业发展是协助教师改进教学技巧的训练；②教师专业发展是学校改革整体活动，以促进个人最大成长，营造良好的气氛，提高学习效果；③教师专业发展是一种成人教育的形式，可以增进教师对自身工作

和活动的理解，而不仅仅局限于提升教学成果；④教师专业发展是使用最新的教学研究成果来改进学校教育，将研究成果转化为实际的教育实践；⑤专业发展本身被视为一种目的，其目的在于在一个受尊敬、受支持且积极的气氛中，促进教师的个人专业成长。这一观点将教师专业发展视为一个涵盖教学技巧、个人与组织成长、持续学习、研究应用和个人职业发展目标的全面过程。

2. 教师专业发展的特点

教师专业发展的特点主要包括以下几个方面，如图 7-2 所示。

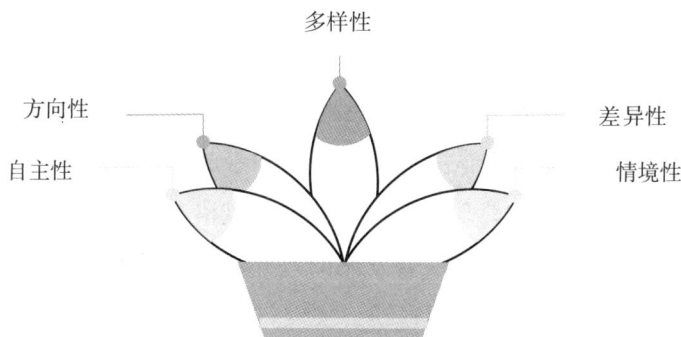

图 7-2　教师专业发展的特点

（1）自主性。教师的专业自主性是推动其专业发展的关键前提和基石。在设计课程、规划教育教学活动及选择教材时，教师应拥有足够的自主权。这种自主性不仅是外在条件的授予，还是教师内在的专业成长动力。教师需具备自主专业成长的意识，将外部影响转化为推动自身专业发展的力量。自主专业成长的意识能显著增强教师对自身成长的责任感，激发他们积极寻求自我提升的机会，并逐步培养出自我成长的能力。为了促进这种专业自主性，各种相关的教育制度和政策应当支持并鼓励教师的自我控制、自我引导和自我成长。

（2）方向性。教师专业发展通常是一个逐渐成熟的过程，体现为从较低的水平向更高的水平发展。这个过程并非总是顺畅无阻，而是呈现出螺旋上升的趋势，其中不乏发展的高原期，即成长速度放缓或遇到难以突破的阶段。因此，教师在职业发展道路上需要有清晰的认识和充分的心理准备。一方面，教师要对自己的发展前途保持信心，另一方面，教师要做好面对各种困难和挑战的准备。

（3）多样性。教育教学工作的复杂性和多样性直接影响着教师专业发展的方向和深度。教师的工作不仅包括传授知识和技能，还包括观察学生、创设学习环境、组织教学活动、训练学生以及评价学业成绩等多方面。因此，教师专业发展也体现在这些不同活动的各个层面。教学过程不仅是知识和技能的传递，还是师生之间的情感交流、心灵沟通和智慧的相互碰撞。这要求教师在专业发展过程中，不仅要注重教育教学知识与技能的提升，还要关注自身认知、情感和人格等方面的成长。

（4）差异性。教师专业发展的差异性体现在发展速度、水平、风格等方面，这种差异性不仅受教育信念的影响，还与教师的个人素养密切相关。每位教师的成长路径和节奏都是独特的，其教学风格、专业知识水平和技能掌握程度各不相同。认识到教师专业发展的差异性，可以帮助教师更好地理解自己的专业发展状态，激发挑战自我、实现自我价值的动力。

（5）情境性。教师角色的塑造和专业成长必须深植于教育教学实践的土壤中。教师的知识和能力很大程度上来源于个人经验和对教育实践的深刻感悟。这要求教师不断地反思自己的教育教学理念和行为，通过自我调整和自我建构来实现持续的专业成长。教育教学实践的不确定性和挑战性进一步强调了教师专业成长与实践环境的紧密联系。在这个过程中，教师与同事、专家甚至家长的合作关系显得尤为重要。这种合作不仅为教师提供了支持和资源，还为教师提供了不同视角和新的学习机会。此外，学校内部的互助合作文化氛围对教师的专业成长同样至关重要。这种文化氛围鼓励教师分享经验、相互学习，从而在实践中获得新的知识和技能。

二、新时代高校英语教师专业化发展面临的机遇

（一）信息技术的发展，为英语教师教学提供了新手段

信息技术的快速发展改变了传统师生之间的知识传播体系。现在，学生可以通过多种途径获取知识，教师的知识垄断地位不再存在。这一转变虽然减弱了教师作为唯一知识来源的角色，但同时为教育领域带来了新的机遇。在计算机网络时代，以电脑为主要媒介的人机互动为师生和生生之间的网络互动提供了便捷的平台，大大促进了信息的交流和学习的互动。然而，电脑在便携性和易用性方面仍存在局限，尤其是在语音、图片、视频、文档的获取和传输方面，往往需要多种外部设备的支持。进入以智能手机为主要媒介的"互联网+"教育时代，教学方式和学习方法发生了根本变化。智能手机的普及打破了时间和空间的限制，使学习可以在任何时间、任何地点进行。教师可以在路上录制微课，如有关 have to 与 must 的比较，或者在吃饭时通过语音解答学生关于西方文化的疑问。学生也可以利用等车的间隙观看关于 a 与 an 用法的微课，或者在跑步时听 China Daily 的新闻。这种碎片化学习成了学生学习的重要途径。在这个新时代，教师与学生之间传统的"教"与"学"的关系转变为协同学习的模式。

信息技术的快速发展丰富和提高了教师的教学手段。传统的教学工具如粉笔和黑板的使用正在逐渐减少，取而代之的是智慧黑板、智能手机、高性能计算机等现代化设备，甚至包括 3D 虚拟仿真和人工智能设备在实验和实训场所的应用。这些先进技术不仅改变了课堂的教学流程，还增强了师生和生生之间的互动，并提升了教学评价的效率和准确性。例如，还在英语教学中，教师可以通过学生发送的语音来评估其单词发音的准确性、句子结构的正确性以及语言表达的恰当性。这种方式不仅提高了学生学习的积极性，还能够使教师更加直观、高效地评估和指导学生。

（二）"三教"改革的持续推动，为英语教师成长提供了新动能

在教育教学领域，教师、教材和教法（简称"三教"）是决定人才培养

质量的核心要素，直接影响学生的知识掌握、技能获取、素养提升以及道德的养成。随着教学对象的变化、教育理念的更新、教学手段的进步以及教育者与受教育者之间关系的重塑，"三教"改革成了教育教学持续改革与发展的驱动力。在这一改革过程中，教师扮演着核心角色。作为教材和教法改革的推动者和实施者，教师的作用不可或缺。只有当教师对教学有更深刻的认知、具备求变的意识和动力时，其才能全身心投入教育教学改革的浪潮。

在教师改革方面，教师来源结构从传统的以学缘结构为主向技能互补的方向发展。这种变化意味着教师团队将更加注重成员之间的技能互补，而非仅仅依赖成员的学术背景。对于英语教师来说，这一转变带来了新的挑战和机遇。他们需要积极参与英语课程的教学改革与实践，不断地创新教学方法。在教材和教法改革方面，英语教师被期待攀登新的高峰，提升教学质量和效果。同时，英语教师需要关注学校的高水平专业和重点专业建设。这些专业将成为学校未来对外交流的重要窗口，因此，英语专业教师应主动参与这些专业的建设，为将来参与对外交流和教学模式的输出打下坚实基础。

三、高校英语教师专业化发展的理论支撑

高校英语教师专业化发展的理论支撑主要包括以下几部分内容，如图7-3所示。

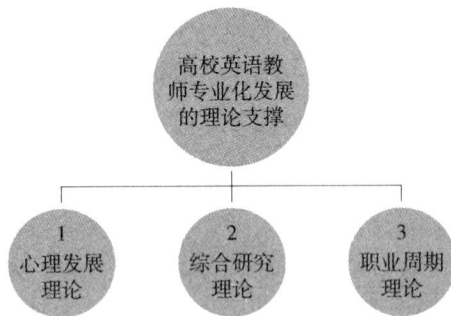

图 7-3　高校英语教师专业化发展的理论支撑

（一）心理发展理论

从心理发展理论角度来看，教师作为成年学习者，其认知和学习深受多种心理发展理论的影响，如让·皮亚杰（Jean Piaget）的认知发展理论、威廉·佩里（William Perry）的认知发展理论以及亨特（Hunt）的概念发展理论。这些理论强调了心理结构随着年龄增长而发生的变化和发展，指出人的心理结构变化过程具有一定的层次和顺序。

教师的心理发展与其专业素质和能力的拓展之间存在着密切的联系。教师的心理发展程度不同，其在专业素质和能力方面的表现也会有所差异。这意味着提高教师的心理素质，可以有效促进他们的专业能力发展。心理发展理论对教师专业发展具有重要意义，提示着教育领域的决策者和实践者应关注教师心理发展的重要性，并将其纳入教师培训和发展计划。对教师提供针对性的心理发展培训和支持，可以帮助教师更好地理解自身，提高应对教学中挑战的能力，进而提升教师的教学效果和职业满意度。

（二）综合研究理论

为阐述全面影响教师专业发展的因素，一些学者提出了综合研究理论。其中，利思伍德（Leithwood）、贝尔（Bell）与格里布里特（Gillbrert）是该理论的突出代表。他们通过综合不同的研究角度和层面，力求构建一个更全面和深入的教师专业发展框架。

学者利思伍德在研究教师专业发展时，没有局限于传统的单一思维模式，在总结自己的研究理论基础上，提出了从多个角度和层次探索教师发展阶段的综合观点。在描述教师专业发展体系的过程中，利思伍德的突破在于横向强调教师专业发展的职业周期、心理发展和专业技能发展之间的相互依赖。这种观点提供了一个更全面、多维度的视角来理解教师的专业成长。与此同时，贝尔和格里布里特的研究旨在更真实地反映每位教师的实际经历，试图模糊明确的阶段界限，以更准确地描述教师在职业生涯中的发展过程。

贝尔和格里布里特在研究中发现了一种新的教师专业发展模式——演进模式，突破了传统刻板的专业发展阶段模式，强调教师发展的非线性和多元性。与传统的分阶段发展模式不同，演进模式主要从宏观层面考察教师职业生涯的整体发展过程，关注教师在整个职业生涯中的宏观发展轨迹，而非单一的、固定的阶段划分。相比之下，传统的阶段发展模式更多地关注微观层面，探究教师在职业生涯的特定阶段如何实现专业成长。贝尔和格里布里特的演进模式为理解教师专业发展提供了新的视角，强调教师发展是一个动态、连续变化的过程，与教师个人经历、教育环境以及时代背景等因素密切相关。

（三）职业周期理论

职业周期理论将教师的职业发展过程和周期视为与人的自然老化过程和生命周期相联系的现象。这种理论并不是简单地将生命的自然成长周期直接应用于解释教师的职业发展，而是以生命阶段变化为基准，对教师职业成长的过程进行描述。理论试图揭示教师在不同生命阶段，如年轻期、中年期、老年期等，面临的职业挑战和成长机会。职业周期理论强调，教师的职业发展与其生命阶段紧密相关，不同阶段的教师可能会展现不同的职业需求、挑战和成长模式。

在 20 世纪 60 年代，关于教师职业生涯的研究相对较少。进入 20 世纪70 年代以后，这类研究在美国、英国、法国、荷兰、澳大利亚、加拿大等国家迅速增多。研究者如伯顿（Burton）、富勒（Fuller）、司德菲（Steffy）、休伯曼（Huberman）等，进行了以人的生命自然衰老过程和周期为基础的教师职业生命周期阶段研究，具体如表 7-1 所示。

表 7-1　教师职业发展阶段研究

名称及研究者	阶段划分
教师发展阶段（伯顿）	求生阶段、调整阶段、成熟阶段
教师职业周期动态模式（富勒）	职前教育阶段、入职阶段、能力形成阶段、热心和成长阶段、职业受挫阶段、稳定和停滞阶段、职业低落阶段、职业退出阶段
教师生涯发展模式（司德菲）	预备阶段、专家阶段、退缩阶段、更新阶段、退出阶段
教师职业周期主题模式（休伯曼）	入职期、稳定期、实验和歧变期、重新估价期、平静和关系疏远期、保守和抱怨期、退休期

第二节　高校英语教师专业化发展的实现模式

一、发展提高模式

（一）教学实践模式

教学实践模式强调将教师的专业发展深植于日常课堂教学实践之中，使教师的专业发展与课堂实践紧密相连。在这一模式下，英语教师应将自身发展的重点放在课堂上，重视在教学过程中发挥的作用以及与学生的合作互动。课堂实践成为教师个人发展的关键推动力。教学实践模式的独特之处在于，其不仅强调提高课堂中师生双方的学习效果，还重视在课堂互动中形成的实践意义、个人意义和社会意义。教学实践模式在实施中应遵循以下几点。

（1）以学生和教师双方的共同提高为中心。学生和教师被视为共同的学习者。英语教师在促进学生学习的同时，也在通过教学实践不断地提升自己的专业技能和教学水平。

（2）支持真正具有影响力和决策权的角色。在教学实践模式中，教师不仅是课堂活动的主导者，还是影响学生学习成效的关键决策者。

（3）以复杂多变的课堂教学作为发展场景。课堂是英语教师和学生共同构建的文化空间，在课堂上，教师和学生通过互动实现沟通和理解，共同创造知识和经验。

（4）强调个人、教育和社会三方面的结合。课堂教学不仅仅是传授知识的场所，更是英语教师提升个人素质，带领学生理解社会和文化多样性、形成广阔视野的平台。通过课堂实践，教师可以将课堂中获得的经验和意义与社会价值观相联系，从而实现个人、教育和社会的全面发展。

在具体实施教学实践模式时，有三点需加以注意，如图7-4所示。第一，突出课堂教学对英语教师发展的重要性。英语教师的专业发展应紧密围绕课堂教学展开。教师应以课堂实践为基础，将自身发展与教学行为、教学实践和教学效果的反思紧密联系起来。第二，注意以课堂为纽带形成协作的英语教师共同体。虽然英语教师在课堂上各自承担教学任务，但其并非孤立工作。通过协作共同体，教师之间可以相互学习、相互支持，共同提升专业技能。第三，注意课堂中学生协助的有效性。教学不是教师的单向传授，而是教师与学生之间互动、创造和分享的过程。在课堂上，学生的参与和协助同样重要。教师应鼓励学生积极参与课堂活动，充分发挥学生的主动性和创造性。

突出课堂教学对英语教师发展的重要性

注意以课堂为纽带形成协作的英语教师共同体

注意课堂中学生协助的有效性

图7-4 教学实践模式实施的注意事项

对英语教师而言，专业化的英语教师在其职业发展中应重视情境体验的重要性。英语教师可将所教授的知识与特定情境相结合，让知识在实际应用中生动起来。一方面，英语教师需要深刻体会课堂情境的特殊性和重要性。在课堂教学中，英语教师不仅要将自己融入教学情境，还需在实践中学习并不断提升自己。另一方面，英语教师应关注将学习过程与个人生活情境相融合，进行有目的的学习。通过将教学内容与自身的生活经验相融合，英语教师能够更深刻地理解和运用所学知识。专业化的英语教师应成为知识运用的出色实践者，深刻理解知识与特定情境的关联，并在实际情境中体验和运用知识，以更好地发挥知识在社会中的作用，并进行更好的教学。因此，情境体验应成为英语教师专业发展的核心观念，它不仅能促进教师在专业技能上的成长，还有助于教师在社会实践中找到知识的真正价值。

（二）专业引领模式

在学习化的社会里，人人需要终身学习。为了提高自身的专业素养，英语教师不仅要向同事、学生、家长学习，还要从书籍和实践中汲取知识。如果缺乏先进理念的指引和高一层次人员的协助，同层级英语教师之间的互助可能会陷入水平相当的循环，难以实现真正的突破。

专业引领人员可以是教育研究领域的专家和行家，包括教育科研人员、经验丰富的专家型教师，如特级教师、学科带头人等。这些具有专业研究能力的人员能为英语教师提供先进理论、技术、方法和经验的指导。英语教师应主动向这些专业人士学习，不断吸收新鲜的教育理念和教学方法。同时，教育科研机构之间可建立合作关系，共同研究教育问题。这种合作可以建立起平等交流、共同成长的伙伴关系，实现资源和知识的互补互益。在这样的合作关系中，每位参与者都平等重要，能力突出者可以成为他人的引导者和教师。英语教师可通过参与此类合作获得成长

专业引领的操作方法主要包括以下几点，如图 7-5 所示。

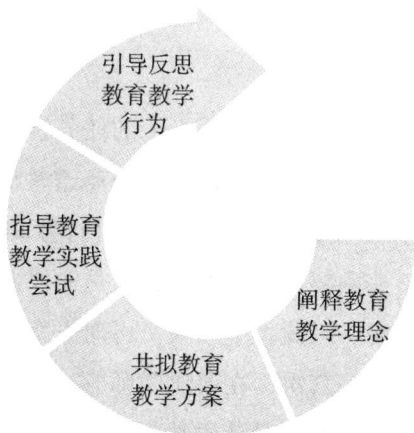

图 7-5 专业引领的操作方法

1.阐释教育教学理念

教师的教育观念直接影响其教学行为和策略。因此，引导英语教师获得专业发展的首要任务是帮助其理解和采纳新的教学思想。为完成这一任务，引领人员可以采用多种形式，如举办讲座、学术专题报告、专题理论研讨，以及开展教学问题诊断、案例评析、教学专题座谈咨询和引导自学等，来帮助英语教师全面了解和掌握新的教育教学理论，从而在实际教学中更好地应用这些理论。通过这种引导，英语教师可以了解新教育理念，提高教学质量。引领人员的这些努力将帮助英语教师建立起与新教育理念相一致的教学观念和方法，从而推动英语教师在专业领域的持续成长和发展。

2.共拟教育教学方案

在英语教师的专业发展过程中，一旦英语教师掌握了新的教育教学思想并形成了相应的教育教学理念，引领人员的任务便转向与英语教师共同探讨和拟定教育教学方案。这个过程需要引领人员指导英语教师在科学的教育理论指导下，逐步发展和完善自己的教学设计。在共同设计教育教学方案的过程中，引领人员应发挥自身的专业知识和经验的优势，同时激发和支持英语教师的创新思维和个性化教学风格。这种指导方式旨在帮助英语教师不仅学会遵循科学的教育理论，还能够根据自己的教学特点和风格独立拟定教育教学方案。拟定的教育教学方案需要符合教育教学的科学理论要求，同时应便于具体实施，有利于提高教学效果。

3.指导教育教学实践尝试

在教育教学方案拟定完成后，引领人员的任务转向指导英语教师将这些方案应用于实际的教学实践。引领人员应协助英语教师把理论转化为课堂上的具体行动，以此来验证和评估教学方案的可行性和有效性。在这一过程中，引领人员的角色至关重要。首先，引领人员需要确保英语教师能够准确理解并有效实施教学方案。对此，引领人员可对方案做进一步解释、进行示范教学或者提供实施建议。其次，在英语教师尝试实施方案的过程中，引领人员应深入课堂，密切关注并记录英语教师的教学行为，同时，将观察到的教学行为与预先拟定的教学方案进行比较，识别出实践中的差异和不足之处。再次，引领人员应与英语教师共同讨论教学尝试的结果，帮助英语教师基于反馈对教学方案进行调整和完善。这种反思和讨论不仅有助于提高教学方案的质量，还能促进英语教师反思自己的教学行为并进行提升。最后，引领人员应指导英语教师如何根据学生的反应和学习成效来调整教学方法和行为，确保教学活动更加符合教育科学理论和学生的实际需求。

4.引导反思教育教学行为

在英语教师拟定的教学方案进行教学实践尝试之后，引领人员需组织英语教师对实践情况进行深入的反思和评议。首先，引领人员与英语教师需要对教学设计和实际行为进行自我反思。这包括阐明设计的思路，识别教学方案与实际教学之间的不一致之处，并分析造成这种差异的原因。英语教师还需要寻找相应的解决方案，以改善未来的教学实践。其次，引领人员应鼓励参与教学活动的其他英语教师对教学设计和实施过程提出自己的看法和意见。这包括指出执教英语教师的优点和不足，并提出具体的修改建议。这种开放的评议和讨论有助于形成全面、客观的反思。最后，基于收集到的意见和建议，引领人员应帮助英语教师将反思内容转化为具体的教学行动，从而改进课堂教学。组织几轮这样的反思和实践的目标是创造出一个充满活力、有效的课堂教学环境。

专业引领是一种高效的专家资源开发和利用方式，对于促进学校教育科研的发展和教师的专业发展至关重要。其核心在于将理论和经验与实践相结合，形成一种有效的对话和互动。这种引领方式不仅能帮助英语教师理解并内化理论知识，而且指导他们在实践中应用这些知识，减少行动的盲目性，提高实践的有效性。通过专业引领，英语教师能够将个人经验提升到更加理性和系统的操作层次。这不仅能增强英语教师的教学技能和研究能力，而且能促进学校教育改革和内涵发展。专业引领人员通过分享先进的理念、思维方法和经验，引导英语教师在教育实践中进行深入探索和研究。因此，专业引领对于英语教师的职业成长至关重要。

（三）自导式学习模式

建构主义主张知识是个体通过主动建构的方式加工形成的，因此个体在学习过程中应保持积极性和自主性。对于教师而言，教师需要主动参与学习，以促进个人的发展和成熟，同时教师需要形成独立的自我意识和自我控制能力，这不仅能提升教师对自身发展的自觉性，还能有效地提高教师在职业生涯中的主动性和创新能力。而对英语教师而言，有意识地进行学习，培养自觉的学习习惯至关重要。通过增强学习的自主性，英语教师能更有效地吸收新知识、掌握新技能，并在教学实践中灵活运用。自主学习不仅能帮助英语教师适应教育领域的变化，还能促进其在教育理念、教学方法和个人职业道德等方面的全面成长。

在学习和工作过程中，英语教师不应忽视自己过往积累的经验，应将"旧"知识与新颖的"新"知识结合起来，通过发展的视角来更新和扩展自己的知识体系，形成独特的知识结构。这种结合能够帮助英语教师更好地适应教育领域的变化，同时促进其在教学实践中的创新和高效。在英语教师教育的不同阶段，如职前培养、入门适应和在职培训，教育机构的作用不仅是传授必备的专业知识和教学技能，还包括培养教师的自我学习能力。一方面，准英语教师和在职英语教师拥有的自我学习能力对他们的职业发展至关重要。这种能力使他们能够在离开师范教育和教师培训环境后，依然通过个人的努力和勤奋不断地成长和提升。另一方面，具备自我学习能力的英语教师能够在课堂教学中有效地传授这种学习方法给学生，激发学生对学习的兴趣和热情，帮助学生养成自主学习的良好习惯。这样，学生能在教师的激励下自发地探索和成长，从而提升教学效果。因此，对于英语教师而言，在日常生活和教学实践中，积极调动自身的学习动力至关重要。具体来说，英语教师应广泛涉猎专业知识，刻苦锻炼专业技能，不断提升自己的专业水平。

二、自主发展模式

（一）反思教学模式

反思作为一种教育理念，起源于德国哲学家格奥尔格·威廉·弗里德里希·黑格尔（Georg Wilhelm Friedrich Hegel），而后由美国教育家约翰·杜威（John Dewey）深化发展。反思是一种对信念或假设知识基于其根据和可能的结论进行的主动、持久和周密的思考。在教师专业发展的背景下，反思的概念被进一步扩展。在反思性教学中，教师不只是教学技能的执行者，更是自我思考的主体，其教学行为、方法和信念则是反思的对象。通过这种反思，教师能够更深入地理解自己的教学实践，识别并解决教学中的问题，以改进教学方法和提高教学质量。因此，反思性教学理念要求教师不断地回顾和评估自己的教学实践，从而促进个人的专业成长和教学质量的提升。反思性教学的具体操作程序如图7-6所示。

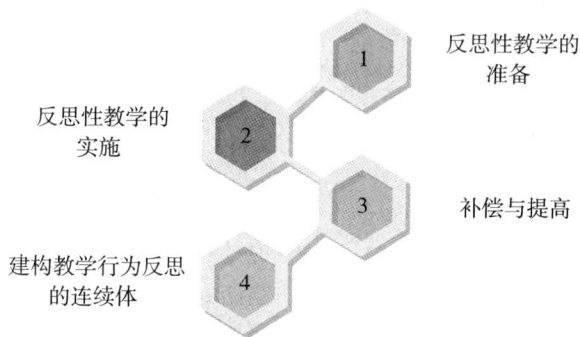

图7-6 反思性教学的具体操作程序

1.反思性教学的准备（教学前反思）

英语教师的专业发展需要从外化的发展（知识与技能）和内化的反思两个方面来进行。首先，英语教师必须掌握充足的教学知识和技能，如熟练运用各种教学方法和模式。其次，英语教师需要更新自己的教育理念，培养一种批判性的态度，以此来不断追求教学效果的提升。此外，英语教师应制订具有针对性的教学计划，并对所有可能涉及的项目深思熟虑。没有充分的教学前准备，反思性教学就难以有效开展，也难以达到预期的教学效果。

2.反思性教学的实施（教学中反思）

教学中反思为英语教师提供了对教学活动进行评估和改进的机会。英语教师在实施反思性教学时，需要采取有效的教学方法，并从多个维度对教学活动进行同步监控和评估，以收集必要的数据和信息。这些数据和信息是进行教学反思和提高教学效果的关键。为了有效地实施反思性教学，英语教师可以采用多种方法和工具。例如，通过撰写教学日记，英语教师能够记录和反思每天的教学活动；通过问卷调查和教师相互观察，英语教师可以收集来自学生和同行的反馈；行动研究方法可以支持英语教师系统地研究并改进教学实践；而教学博客和案例分析则为英语教师提供了深入思考和分析教学情境的途径。

3.补偿与提高（教学后反思）

在反思性教学的实施中，英语教师要对教学中的变化因素进行充分考虑，因为教与学的关系及其变化直接影响教师的行为和教学效果。英语教师通过教学后反思，可以使教学更加清晰和有效。例如，英语教师在讲授新课时，很可能尽管为讲授句子"We have been married for ten years"和"He married a beautiful girl two years ago."之间的区别花费了很多时间，但学生仍不明白"瞬间性动词"和"持续性动词"的区别，这就需要英语教师教学后对自己的教学方法、节奏、对学生的估计以及与学生的沟通进行深入的反思。这种反思可以帮助英语教师识别问题所在，如学生可能对某个语法概念的理解不够深入。在反思的基础上，英语教师可以调整教学策略，采取针对性的补救措施，如通过更具体的例子、更慢的教学节奏或更加直观的教学材料来帮助学生理解。这种有针对性的教学调整不仅有助于解决当前的教学难题，还能促进教师在教学实践中的自我成长和专业发展。

4.建构教学行为反思的连续体

反思性教学不局限于个别课程，而是贯穿整个教学活动的全过程，形成一个不断进步的连续体。每次教学后的反思不仅是对当前教学实践的总结，还是对未来教学计划的准备。反思性教学从教学准备开始，贯穿整个教学过程，直至补偿与提高阶段，构成了一个紧密相连、不断发展的教学系统。在这个系统中，每一次的教学反思都为下一次教学提供了宝贵的经验和启示。通过持续反思，教师不仅能够不断完善教学方法，还能深化对教学内容的理解，提升教学技能。这种不断的自我提升和自我修正过程，能够促使英语教师的素质和能力得到全面发展，进而向更高水平的专业化迈进。

（二）教育行动研究模式

教育行动研究模式不同于传统的研究模式，即用研究成果单向指导教育教学行动。教育行动研究强调的是研究与行动之间的双向互动和相互依存关系，这种方法使教育教学成为一个动态的、不断发展的过程。在教育行动研究中，教师不仅是知识的传递者，还是教学实践的研究者。他们在教学过程中不断观察、分析和调整教学策略，以此来提高教学质量。这种反馈循环能够使教师及时发现和解决教学中的问题，不断改进教学方法，促进自身的专业发展。下面介绍几种操作性强的行动研究方式，如图7-7所示。

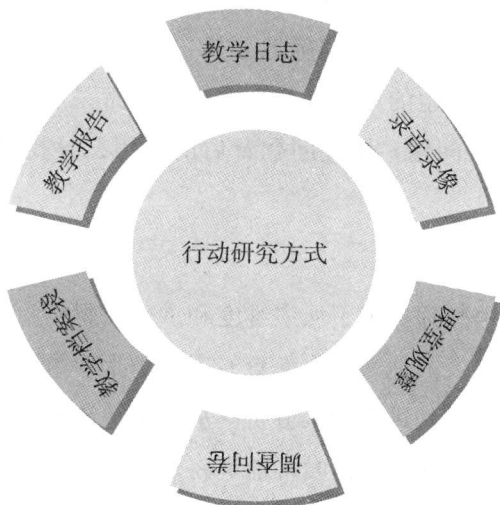

图 7-7 行动研究方式

1.教学日志

教学日志是一种重要的教学记录工具，与教学日记在某些方面有着相似之处，但也存在显著的区别。两者都详细记录了教学过程中的各种现象、进展、问题及其解决方法、情感体验、短期计划、课堂突发事件及其应对措施等。这些记录可以帮助英语教师回顾和反思教学活动。与教学日记相比，教学日志的一个重要特点是其共享性。它可以由教研组成员共同编写，或者由几位同事相互记录，这样的共享机制不仅有助于促进英语教师间的合作和交流，还能够丰富记录内容，提供更多角度的教学反思。此外，教学日志的形式更加灵活多变，没有固定的模式，可以根据需要长短不一，简单或复杂。通过教学日志，英语教师能够及时记录和反映每天的教学过程和感受，全面地梳理教学事件。

2. 录音录像

录音录像作为可用于记录课堂实践的工具，为英语教师提供了一种有效的教学分析手段。通过对课堂的完整录制，英语教师能够客观地观察和分析自己的教学行为，特别是那些在日常教学中不易察觉的隐性行为，从而能够从不同角度、多次重复地审视自己的教学实践，进行深入的理性反思。利用录音录像资料，英语教师可以精确地分析自己在课堂上的语言运用、教学互动、教学方法以及学生的反应等各个方面，进而深入了解自己的教学风格和策略，识别存在的问题，探究问题背后的原因，寻找并实施有效的改进措施。

3. 课堂观摩

课堂观摩为英语教师提供了从多维度和多层面观察和分析课堂实践的机会。课堂观摩活动涉及其他教师、教育专家、学生等第三方观察者，他们会从不同的视角对教学事件进行深入分析，从而为英语教师提供宝贵的外部视角和反馈。通过课堂观摩，英语教师能够将理论与实践紧密结合，识别自己教学中的优势和不足。这不仅能帮助英语教师意识到存在的问题，还会促使其针对这些问题提出有效的解决方案或改进措施。课堂观摩会激励英语教师研究和尝试新的教学策略，并更加合理地应用这些策略于教学中。课堂观摩的优势还在于促进教师间的互助和经验共享。通过观摩同行的课堂，英语教师可以学习并吸收好的教学技巧，从而提升自己的教学效能。这个过程不仅能够使英语教师之间彼此互助、互相学习，还有助于教师内化和灵活运用这些技巧。此外，课堂观摩能促进英语教师对教材和教法的重新审视，使其能够有效运用新的教学方法。这有助于英语教师改变教学方式，提高教学质量。

4. 问卷调查

问卷调查主要用于英语教师对自己的教学过程进行自我观察、监控和评价。通过不记名的方式，问卷调查可以使学生真实地表达对课堂实践的感受和需求，从而成为师生沟通的重要途径。问卷调查的显著优势在于其灵活性和方便性。英语教师可以根据学生的兴趣和喜好，设计涉及教学方法、内容、活动、进程、课堂组织和管理等方面的问题。这种方式使英语教师能够从学生的角度获得反馈，了解自己教学上的优势和不足，并及时进行改进。通过问卷调查，英语教师可以获得关于课堂教学各方面的量化数据和信息。这些数据材料不仅能够帮助英语教师客观评估自己的教学效果，还能为教学改进提供方向。在采用问卷调查方式时，访谈可作为一个重要的补充工具。访谈能够帮助英语教师深入了解参与问卷调查的学生的背景、心理状态等，为解释问卷调查的量化数据提供更深层次的理解。通过结合问卷调查和访谈的方式，英语教师能够从多个角度获得关于课堂教学的综合信息，进而使教学实践更加符合学生的需要和期望，有效提升教学质量。

5. 教学档案袋

教学档案袋主要包括教学、学习、研究、反思和评价等板块，这些板块共同构成了教师教育发展的全景图。其中，教学板块作为教学档案袋的核心部分，涵盖了教学内容、方法、策略、班级环境、教学准备和组织、学生评价等多个方面。这些内容能够全面反映英语教师的教学实践和方法。反思板块则是档案袋的灵魂所在，它记录了英语教师在教学过程中的心得体会和个人智慧的发展，是英语教师自我成长的重要证据。教学档案袋不仅有助于英语教师系统地整合和呈现教学信息，还能够促进英语教师专业成长，提高教学质量。适时引入教学档案袋这一方法，可以促进英语教师的教学实践和专业发展。

6.教学报告

教学报告是英语教师对单次课堂教学进行回顾和记录的重要工具。教学报告与教案有本质的不同，教案主要是课前准备的材料，用于规划英语教师在课堂上的教学活动，而教学报告则是课后从英语教师自身视角对教学实际进行的描述和分析。这种报告重点关注课堂教学的特点，如各教学步骤所用时间、教学效果等，旨在为英语教师提供及时的课堂教学反馈。通过不断编写教学报告，英语教师能够快速且频繁地评估和检测自己的课堂教学情况，从而更好地准备下一次的教学活动。教学报告不仅能帮助英语教师总结和反思教学经验，还为其提供了改进教学策略和调整教学材料的依据。此外，教学报告可以由单个教师独立完成，也可以通过小组合作的方式来完成。在小组讨论中，英语教师有机会发现各自的教学差异，进行比较和交流，这种互动有助于集体识别教学中的问题，共同探索更有效的教学方法。

三、课程改革模式

课程改革在本质上是对教育价值观的调整，通过引入新的课程理念，重新整合原有课程和教学，提出新的课程形态和教学方式。英语教师在面对课程改革时，应积极参与课程改革，关注教育发展的最新动态，不断地更新自己的专业知识和技能。因此，课程改革不只是对教育系统的更新，更是教师专业成长的契机。教师需要把握这一契机，积极适应新的教育理念和教学模式，通过不断学习和实践，提高自己的教学能力和专业素养。

（一）课程行动研究

课程行动研究是一种教师在实际教学情境中进行的研究活动，目的是改善课程实践和提高教学质量。这种研究方式强调教师的实践性、参与性和赋权性，注重实践者的解释性、试验性和批判性。在方法上，课程行动研究主要采用自省的方式，按照计划、实施、观察和再思考的螺旋循环模式进行。通过课程行动研究，教师不再是被动地执行专家的课程设计，而是成了积极探索和创新的实践者。这种研究范式从实践出发，致力于理解和解释教学实践情境，实现了从实践到理论的研究转变。课程行动研究的推广和实施，使原本"书斋式"的课程研究得以向实践层面转移，促进了课程理论与实践的有效整合。通过参与课程行动研究，教师能够得到实质性的锻炼和发展，其专业能力和创新思维会得到显著提升。

（二）校本课程开发

校本课程是一种基于学校具体情境开发的课程形态，与由政府主导、在学校外部开发的国家课程是不同的。校本课程的核心特征体现在三个方面（见图7-8）：学校具有课程自主权；教师是课程开发的主体；学校是课程开发的场所。这种课程开发方式赋予了学校和教师更大的自主性和创造性。在校本课程开发过程中，校长和教师共同组成课程开发小组，协同工作，共同承担课程开发的责任。教师在这一过程中不只是课程开发的参与者，更是课程创新的主导者。这要求教师不仅要学习相关的课程知识和课程开发技能，还要增强对课程的责任感和团队合作意识。校本课程开发为教师提供了一个民主参与、权责共享的平台，这种参与过程对于教师来说充满挑战，但同时能带来成就感和满足感。通过参与校本课程开发，教师不仅能够实现个人的专业成长，还能够在教学实践中发挥更大的影响力。校本课程开发鼓励教师积极探索、创新，提供了教师专业发展的机遇，有助于教师在实际教学中更好地满足学生的需求，提高教学质量。

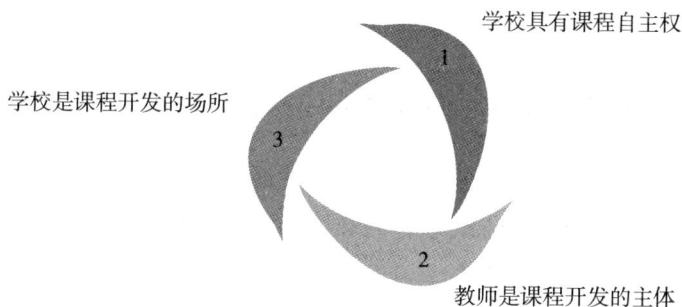

学校具有课程自主权

学校是课程开发的场所

教师是课程开发的主体

图 7-8　校本课程的核心特征

（三）教学实验研究

课程与教学的关系是内在统一的，课程实施本质上蕴含着教学元素，而教学则是课程实施的核心途径。在教育领域，任何课程改革的最终目标都是在学校层面得到实施，并具体化为教学活动。因此，学校在进行课程改革的同时，应当着手进行教学改革，以此来刷新教师的课程与教学观念，优化他们的专业知识结构，进而促进教师的专业发展。教师在课程改革前已经在教学实践中形成了自己独特的课程与教学观念和技能。这些教学观念和技能在原有的课程与教学框架下可能非常有效，但随着课程改革的推进，这种传统的课程与教学模式很可能不能完全适应新的课程价值理念。课程改革在价值观层面进行了变革，就要求教师对自己的课程与教学观念和技能进行相应的调整。学校若开展课程与教学的同步改革实验，就为教师提供了更新知识、观念和技能的机会。教师通过这一过程可以拓宽知识视野，更新教育教学观念，培养协作精神和团队意识，同时形成看待教育问题的新视角。这些变化不仅能促进教师适应新课程价值理念的需求，还会推动他们的专业成长和发展。

第三节　高校英语教师学习共同体的构建路径

一、高校英语教师学习共同体的内涵及构建意义

高校英语教师学习共同体是一种基于合作、分享和相互学习的专业发展模式。这种共同体通常由志同道合的教师组成，他们共享资源、信息、经验和教学策略，通过相互协作和学习促进个人及团体的成长。构建高校英语教师学习共同体对于教师专业化发展具有深远的意义，这种意义体现在多个层面。

首先，高校英语教师学习共同体为教师提供了一个持续学习和成长的平台。在这样的共同体中，教师可以通过讨论、研讨会和工作坊等方式，相互

学习、分享经验和资源。这种互动不仅能够增加个人的知识储备，还能够拓展教师的教学视野，使其能够从不同的角度和新的视角理解和解决教学中的问题。其次，高校英语教师学习共同体中的协作和支持，对于教师个人的情感和心理健康是非常重要的。教师在共同体中感受到的归属感和认可感，可以有效减轻工作压力，提高职业满足感。同时，共同体中的正向反馈和建设性批评，对于教师自我效能感的提升大有裨益。再次，高校英语教师学习共同体对于教师创新能力的培养至关重要。在共同体的互动过程中，教师被鼓励尝试新的教学方法和技术，这种开放的创新氛围有助于教师跳出传统教学的框架，探索更有效的教学策略和方法。最后，高校英语教师学习共同体对于应对教育改革和挑战具有重要意义。随着教育环境的不断变化，教师需要不断更新自己的知识和技能以适应新的教学要求。学习共同体为教师提供了一个动态的学习环境，使教师能够及时了解和吸收新的教育理念和技术，从而有效应对教育改革带来的挑战。

二、高校英语教师学习共同体构建的步骤

高校英语教师学习共同体的构建需要有计划、循序渐进地进行，而不是急于求成或期望立即看到结果。高校英语教师学习共同体的构建主要包括以下几个步骤。

（一）建立伙伴信任关系

良好的人际关系是学习共同体构建的基础，而信任则是维系良好人际关系的关键。信任是团队成员间对于彼此语言、行为和承诺的信赖。当高校英语教师在学习共同体内建立起相互信任的关系时，他们将更容易全心投入学校改革、发展以及教育教学工作。这种基于信任的关系使教师之间能够建立起相互依赖、协作的环境，进而促进知识的共享、经验的交流和专业技能的提升。

在一个相对独立的高校英语教师学习共同体内部，教师十分清楚地知道，对共同体有益的事物同样有利于个体教师的成长，反之亦然。这种认知

为共同体内部的信任关系和合作奠定了基础。当共同体设定一个或多个共同目标时，这种伙伴间的信任关系便得到加强和巩固。在特定任务的执行过程中，共同体内成员常常会根据任务的需要被分配不同的角色，这些角色往往是相互关联或互补的。这种角色分配不仅是基于个体的能力和专长，还是基于对整个团队协作效率的考量。在这个过程中，每位教师都承担着自己的一份责任，持有着任务中的一部分关键信息和资源。

另外，在构建高校英语教师学习共同体时，成员不仅共享一个团队身份，还能通过选定特有的旗帜和名称来增强团队凝聚力。这种身份认同鼓励教师积极参与协商与决策，共同塑造这个学习共同体的独特文化和特色。对学习共同体而言，成员间的交流是核心，不仅包括日常的教学经验分享，还包括深入讨论教学理念和策略。通过这种方式，教师不仅能够了解彼此的教学风格，还能够在集体学习过程中增进对同行的认识。通过这些活动，教师可以在合作中建立起相互之间的信任，从而形成一个更加和谐、高效的团队。

（二）形成共同愿景

高校英语教师学习共同体中的教师学习不仅是一个获取新知识的过程，还是一个持续不断的自我提升过程。教师在这个环境中通过各种方式和途径灵活地学习，不仅汲取新知识，而且在知识的相互传递中增强自身实力。这种互动不仅有利于教师个人能力的增长，还促进了新知识的创造。在这样的学习共同体中，教师之间通过共享和交流信息，有效地提升了整个团队的工作效率和绩效。每个成员的成长和创新都为整个团队带来了正面影响，使共同体作为一个整体更加强大和高效。在此背景下，制定一个共同愿景变得很重要。

所谓共同愿景，指的是高校英语教师学习共同体对未来的共同期望和设想，代表着成员间的共识和目标。为了实现这一愿景，每位教师都应积极参与并承担起相应的责任与义务。在这一过程中，使愿景得到大多数成员的认同至关重要。此外，愿景应与现实情况相契合，既具有实际可行性，也保持清晰和明确，同时兼具远见。一个有效的共同愿景不仅指引着团队当前的行动方向，还为团队长期发展提供了稳定的目标和动力。

若共同愿景由高层管理者通过行政手段制定并下达，这种自上而下的方法往往导致教师缺乏对愿景的认同和参与感。在这种情况下，教师更多是按命令执行任务，而不是积极参与共同愿景的创建和实现。这种状况很难激发教师的积极性和热情。真正有效的共同愿景应当是自下而上的，充分发挥教师在愿景制定中的主动作用。为了实现这一点，建立教师共同愿景的策略应当分阶段逐步实施，体现出阶梯式的进步。这意味着教师在整个过程中应有更多的参与机会，从讨论初步想法到最终形成明确的愿景。在这个过程中，成员共同讨论、提出建议并最终达成共识。共同愿景的构建具体包括以下几个阶段。

1.共同体成员的讨论

在高校英语教师学习共同体中，共同愿景的构建基于成员的个人认识和理解，这不仅是共同体构建的基础，而且在很多情况下成为关键因素。因此，在共同体内部建立一个专门负责收集和整理教师想法的小组显得尤为重要。这个小组的作用在于确保每位教师的声音都能被听见，并在共同愿景的制定过程中得到考虑。共同愿景虽然不直接解决问题，但与学习共同体面临的挑战和问题紧密相关。成员的集体想法和见解能够为识别和解决这些问题提供重要的视角。因此，高校英语教师学习共同体的领导层需要坚持不懈地推进共同愿景的工作，将其作为常规工作的一部分，并在讨论过程中引导成员进行积极的思考、交流和总结。这种参与式的过程不仅有助于确保共同愿景与学习共同体的实际情况相符合，还能够加强成员之间的沟通和理解，提升团队协作和共识形成的效率。

2.初步形成共同愿景

当组织成员对愿景的内容有所了解后，共同愿景制定组委会需收集并分析学习共同体成员对愿景的真实想法，这有助于深入理解成员对愿景各部分的看法和期望。为了准确捕捉这些信息，组委会应采用多样化的手段，如面对面访谈、问卷调查等，以测试成员对于组织能力和效益的期待与想法。共同愿景的有效性和代表性要求避免过度抽样的弊端。共同愿景的制定应基于全体成员的广泛参与和真实反馈，确保愿景能够真实反映整个学习共同体的需求和期望。只有这样，共同愿景才能成为真正意义上的共同目标，促进学习共同体的发展，并激发所有成员的共鸣和参与。

3. 确立教师的个人愿景

教师的个人愿景，不仅关涉个人的利益，还涵盖对组织、学校、家庭、社区乃至整个社会的关注。在高校英语教师学习共同体形成共同愿景之后，教师作为其核心成员，应对这一愿景进行深入思考。教师需要考虑学习共同体的理想状态是什么，教师间应建立怎样的关系，学生应从教师那里获取什么样的知识和技能，以及怎样的教学方式才能达到高效率等问题。这些问题的反思不仅有助于教师深刻理解共同愿景，还能使其结合自己的实际情况进行深入分析。通过这样的过程，教师能够形成具有个人特色的个人愿景，并在此基础上积极参与共同愿景的实现。个人愿景不仅应符合教师自身的期望和目标，还要与学习共同体的共同愿景相协调，从而增强教师对共同愿景的认同和投入。

（三）创建共同体文化

教师之间的协作文化应建立在互信、平等与支持的基础上，从而为共享性与包容性的发展创造有利条件。教师之间的相互合作对于构建平等、民主和开放的教学氛围非常重要。通过相互学习、对话和分享个人专长，教师之间能够互相启发、促进专业成长，从而形成一个充满活力和创造力的教学环境。这种环境不仅有助于克服观念上的差异和工作中的不协调，而且会促进共同愿景的实现。

概括来说，可从以下四个方面来创建共同体文化。

第一，关注教师个体的信念和期望。共同愿景的形成依赖于教师个体对学校未来的信心和对共同目标的期盼。在这一点上，教师个体的信念和期望汇聚成为推动学习共同体发展的强大动力。

第二，打造合作和互助协作的文化。由于教师各具自己的优势与劣势，因此，积极推进教师之间的合作与对话至关重要。通过这种方式，教师之间可以实现资源优势的互补，为学习共同体注入持续的活力和创新。

第三，注重协作选题的价值。教师的合作意识和行为构成了教师专业学习共同体的核心。这种协作不仅能促进教师间的互动交流，还能提升教师专业能力和教学效果。协作选题就是教师专业能力的一种体现。

第四，对于流动性的肯定。流动性代表着变化、发展与开放，是教师学习共同体发展不可或缺的重要组成部分。教师之间的合作不是一成不变的，而是会根据客观情况的变化而调整和发展，从而成为学习共同体的一个重要特征。

（四）培养团队精神

为了确保高校英语教师学习共同体不仅建立起来，而且能够持续有效地运作，需要采取全面的系统方法。具体来说，应考虑以下一些问题。

第一，不断更新和丰富教育资源，确保满足高校英语教师不断变化的专业发展需求。

第二，组织和引导教师进行合作和交流。可以通过定期的研讨会、工作坊、小组讨论等形式实现，以便教师能够分享经验、探讨问题和共同寻找解决方案。

第三，保证学习共同体成员拥有不断进步的信念。通过定期评估和反馈机制，来激发成员的自我完善意识和追求卓越的动力。

第四，维持一种支持合作方式的文化氛围来改进教育教学活动。

在共同愿景的实现过程中，英语教师学习共同体的构建和发展必须经历一个团队成员间的整体配合以及团队学习的重要阶段。这一阶段不仅能促进集思广益和集体智慧的发挥，还能激发团队和个人的创造力，从而有效推动组织和个人的发展。

（五）不断改进英语教师学习共同体

实际上，英语教师学习共同体以特定任务或目标为纽带，使教师围绕特定问题展开相互学习与合作。因此，从本质上来看，具有相似课程与相似兴趣的教师以学习共同体为中心团结在一起，相互之间不断汲取新的思想与理念，并根据实践经验对合作内容进行不断的调整与完善，对于教师的专业发展十分有利。即使是一些经集思广益而达成的统一认识或意见也应根据不断发展的实践来进行新的调整，并不断补充新的材料与证据。只有英语教师学习共同体自身具备足够的动力，才能在探索新的发展方式和创设新的机构形式时确立自己明确的发展方向。

三、高校英语教师学习共同体构建的策略

保障高校英语教师学习共同体的构建，离不开一定的策略。

（一）确立共同愿景

确立共同愿景在学习共同体的初期阶段是非常重要的。这个共同愿景可以为教师提供一个明确的指导方针，帮助教师判断哪些教学行为和方向是受鼓励的，哪些可能受到排斥。这种深入的认识有助于教师更好地理解和执行教学目标和策略。

（二）采用合作学习模式

通过共同探讨教学问题和进行研究，学习共同体成员能够得到专业的成长。特别是对于新教师来说，合作学习模式提供了一个宝贵的平台，让其能够借助集体智慧迅速发展成为专业教师。通过分享经验、讨论挑战并共同寻找解决方案，学习共同体成员可以不断提高教学质量和专业水平。

（三）打造特色校本课程

打造特色校本课程对于学习共同体建设来说至关重要。校本课程的拓展开发要充分发挥学习共同体成员的作用，广泛招募具有英语专业相关特长的人才担任校本课程教师，以形成优秀课程，提升教师教学质量和科研水平。

（四）推进教师培训

第一，加强英语教师专业知识培训，不断提升教师专业水平。第二，推

进教师岗位培训，不断提高教师的教学技能。第三，强化教师信息技术能力培训，不断提升教师的信息技术的应用能力。

（五）坚持互访互学互鉴互享

第一，促进高校英语教师的教学互访。第二，促进高校英语教师的多层结对。第三，促进高校英语教师的课程相互开放。第四，促进高校间的英语教学资源共享。

参考文献

[1] 简洁，高原，刘娜 . 高校英语教学方法新编 [M]. 长春：吉林大学出版社，2021.

[2] 李小莉 . 高校英语教学理论与实践 [M]. 延吉：延边大学出版社，2021.

[3] 陈亚轩 . 高校英语写作教学理论与实践研究 [M]. 长春：吉林大学出版社，2022.

[4] 韩艳 . 新时期高校英语教学及发展研究 [M]. 长春：吉林出版集团股份有限公司，2022.

[5] 孙婕 . 高校英语教学理论及实务研究 [M]. 长春：吉林人民出版社，2022.

[6] 周嫚，段潇乐，马燕 . 高校英语教学的基础理论与应用研究 [M]. 长春：吉林出版集团股份有限公司，2022.

[7] 王景文 . 跨文化交际与高校英语教学研究 [M]. 长春：吉林出版集团股份有限公司，2021.

[8] 宋雨晨，谭诣，王丽华 . 高校英语教学思维创新 [M]. 长春：吉林人民出版社，2020.

[9] 李慧 . 我国高校英语教学模式研究 [M]. 长春：吉林出版集团股份有限公司，2021.

[10] 胡宝菊 . 新时期高校英语口语教学研究 [M]. 长春：吉林出版集团股份有限公司，2018.

[11] 蒋丽霞 . 文化视域下的高校英语教学研究 [M]. 北京：北京工业大学出版社，2018.

[12] 姚娟，徐丽华，娄良珍．高校英语阅读与翻译教学多维研究 [M].天津：天津科学技术出版社，2021.

[13] 罗桂温．高校英语教师专业发展与教学研究 [M].延吉：延边大学出版社，2020.

[14] 刘秋成．高校英语写作中的声音构建研究 [M].长春：吉林大学出版社，2021.

[15] 高红梅，管艳郡，朱荣萍．高校英语教学创新性研究 [M].长春：吉林人民出版社，2021.

[16] 阿日贵．高校英语翻译教学研究 [M].北京：北京工业大学出版社，2019.

[17] 徐丽丽．高校英语专业课程体系构建与教学改革研究 [M].北京：中国书籍出版社，2021.

[18] 申慧丽，刘鹏，杨洁．跨文化视域下高校英语教学转型与创新 [M].北京：中国书籍出版社，2021.

[19] 姜雪．系统功能语言学理论在英语阅读教学中的应用 [J].英语广场，2021（12）：55–57.

[20] 李威．语料库语言学在英语教育中的应用[J].中国教育学刊,2020（增刊1）：81–82.

[21] 刘莉．合作发展视角下的英语教师专业化发展 [J].河南理工大学学报（社会科学版），2020，21（6）：89–94.

[22] 于淼．基于ESP需求分析的大学英语教师专业化发展之路 [J].濮阳职业技术学院学报，2020，33（2）：26–28.

[23] 徐瑾．"互联网+"背景下大学英语教师专业化发展策略 [J].湖北开放职业学院学报，2019，32（24）：178–179，186.

[24] 朱玲，黄秋燕．教育生态视域下高校英语教师专业发展研究 [J].中国多媒体与网络教学学报（中旬刊），2019（11）：142–143.

[25] 刘云．大数据时代高校英语教师专业化发展路径探析 [J].中国多媒体与网络教学学报（上旬刊），2019（10）：130–131.

[26] 尹宜宜.教研协同：高校英语教师自主发展研究[J].浙江工贸职业技术学院学报，2019，19（1）：80-83.

[27] 程度.多元文化视角下高校英语教育教学研究[J].太原城市职业技术学院学报，2023（10）：142-144.

[28] 李玉凤.中华优秀传统文化融入高校英语教学的价值意蕴、现实困境与实践路径[J].太原城市职业技术学院学报，2023（10）：165-167.

[29] 向玉，贺英杰.基于大数据技术的高校英语教育教学模式探究[J].食品研究与开发，2023，44（20）：237-238.

[30] 席娟芳.多模态教学模式下的大学英语视听说教学对策探析[J].创新创业理论研究与实践，2023，6（19）：153-155.

[31] 林西锦.VR技术应用于高校英语口语教学中的研究[J].对外经贸，2023(9)：89-91，107.

[32] 朱莉.信息时代多元文化交融对高校英语教学的影响研究[J].湖北开放职业学院学报，2023，36（17）：163-164，167.

[33] 韩捷敏.基于智慧课堂的高校英语教学模式创新研究：以多通道融合交互模式为例[J].山西青年职业学院学报，2023，36（3）：102-104，108.

[34] 唐馨楠.信息化背景下高校英语视听说课程教学策略[J].英语广场，2023（24）：70-73.

[35] 杨蕙.多模态环境下高校公共英语教学反拨效应实证研究[J].凯里学院学报，2023，41（4）：84-91.

[36] 李哲.高校英语跨文化交际教学存在问题及解决对策[J].湖北开放职业学院学报，2023，36（14）：172-173，176.

[37] 林晓玲.基于大数据人工智能的高校英语教师专业发展研究[J].江西电力职业技术学院学报，2023，36（7）：94-96.

[38] 董昕.基于多模态教学理念的英语智慧课堂构建研究[J].通化师范学院学报，2023，44（7）：134-139.

[39] 孙嘉.高校英语教学中多维互动教学模式实践研究[J].黑河学刊,2023（4）：76-81.

[40] 马艳琪，赵凌志. 新媒体时代 TPACK 框架与多模态英语教学模式的整合 [J]. 海外英语，2023（13）：78–80.

[41] 郭新雨，刘晶波，杨雯嘉，等. 视听说课程多模态混合式学习模式研究 [J]. 英语广场，2023（19）：90–94.

[42] 陈雪晶. 多模态视阈下高校 ESP 教学模式研究 [J]. 湖北开放职业学院学报，2023，36（10）：177–179.

[43] 刘佳琪. 语料库语言学背景下的英语教学研究 [J]. 英语广场，2023（11）：84–87.

[44] 李雪. 基于认知语言学的大学英语翻译教学研究 [J]. 江西电力职业技术学院学报，2023，36（3）：157–159.

[45] 李梦哲. 认知语言学理论在大学英语教学中的应用 [J]. 现代英语，2023(6)：89–91.

[46] 王晓玲. 大学英语"视听说"多模态教学实证研究 [J]. 和田师范专科学校学报，2022，41（6）：72–77.

[47] 员艳萍. TPACK 理论框架下高校英语教师的专业化发展 [J]. 海外英语，2022（22）：150–152.

[48] 刘生然. 基于认知语言学的大学英语翻译教学研究 [J]. 现代英语，2022（21）：55–58.

[49] 任艳芳，曹红. 基于认知语言学的高校英语教学模式创新 [J]. 佳木斯大学社会科学学报，2022，40（1）：218–220.

[50] 邹湘怡. 系统功能语言学理论在大学英语教学中的应用研究 [J]. 英语广场，2021（34）：118–120.

[51] 王晓彤. 语料库语言学在大学英语教育中的应用 [J]. 现代英语，2021（16）：106–108.

[52] 于欣瑶. 多元互动教学模式在大学英语写作中的应用研究 [D]. 沈阳：沈阳师范大学，2023.

[53] 王海燕. 大学英语课程思政多模态模式教学研究 [D]. 大庆：东北石油大学，2022.

[54] 刘欢 . 民办高校大学英语在线教学实施情况的调查研究 [D]. 南昌：南昌大学，2022.

[55] 石梦珂 . 在线教学模式下高校英语教师评价素养调查研究：以河北省高校为例 [D]. 保定：河北大学，2022.

[56] 李洋 . 信息技术与课程整合视角下高校英语听说课程的教学优化设计：以 S 高校为例 [D]. 沈阳：沈阳师范大学，2021.

[57] 徐琪 . "产出导向法" 在高校英语专业写作教学中的应用研究 [D]. 长春：长春师范大学，2020.

[58] 祁莹莹 . 混合式教学模式下高校英语课堂设计案例研究：以山东师范大学为例 [D]. 济南：山东师范大学，2019.

[59] 贾振霞 . 大学英语混合式教学中的有效教学行为研究 [D]. 上海：上海外国语大学，2018.